Doro Kammerer

Weil ich ein Junge bin!

HERDER spektrum

Band 4991

Das Buch:
Nicht nur Mädchen sind anders. Jungen auch: die Eltern wissen es schon lange, und die Forschung scheint es zu bestätigen. Zwar sind sie bevorzugt, aber sie haben's auch schwerer – weil sie „außen hart" sind „und innen ganz weich"... Tatsächlich machen sich Pädagogen und Psychologen – nach 30 Jahren geschlechtsspezifischer Sozialisationsforschung – Sorgen um die „vergessenen Söhne". Jungen sind anfälliger für Krankheiten und sozialen Stress, sie sind seelisch instabiler als Mädchen und erwehren sich ihrer Schwäche mit Faustschlägen. Was läuft falsch? – Das gesellschaftliche Korsett von Männlichkeit lässt – nach wie vor – wenig Bewegungsfreiheit für individuelle Entwicklung. Mädchen dürfen (inzwischen) wild sein und ängstlich, gut in Mathe und geschickt im Handarbeiten, sie dürfen Rüschenblüschen tragen oder Latzhosen, Stärke demonstrieren und Schwäche zeigen. Jungs müssen immer noch cool sein, dürfen keine Angst zeigen und nur möglichst wenig Gefühle und schon gar keine Schwäche.
Und doch wollen wir, dass sie zu glücklichen, ausgeglichenen, liebevollen Männern werden, die ihre Stärken kennen und ihre Gefühle ausdrücken können.
Doro Kammerer, Sachbuchautorin und Mutter von drei Jungs, gibt Eltern von Söhnen in diesem Buch Denkanstöße und viele Tipps für den Umgang mit ihren Söhnen. Sie nimmt Stellung zu Fragen wie: Mit welchen Bildern von Männlichkeit müssen Jungs sich auseinander setzen? Was müssen wir bei der Erziehung von Jungs aus biologischer und entwicklungspsychologischer Sicht wissen? Wie können wir unsere Söhne so in ihrem Selbstwertgefühl unterstützen, dass sie weder zu Machos noch zu Muttersöhnchen werden? Viele Anregungen und Hilfen für den konkreten Erziehungsalltag.

Die Autorin:
Doro Kammerer, Journalistin und Autorin mit den Themenschwerpunkten Medizin, Erziehung, Partnerschaft. Sie ist Mutter von drei Söhnen. Zahlreiche Veröffentlichungen. Bei Herder spektrum: Stillwerden und entspannen (Band 4671). Sie lebt mit ihrer Familie in der Nähe von München.

Doro Kammerer

Weil ich ein Junge bin!

Warum man Söhne anders erziehen sollte

Herder

Freiburg · Basel · Wien

Gedruckt auf umweltfreundlichem,
chlorfrei gebleichtem Papier

Alle Rechte vorbehalten – Printed in Germany
© Verlag Herder Freiburg im Breisgau 2000
Satz: Barbara Herrmann, Freiburg
Satz und Bindung: Freiburger Graphische Betriebe 2000
Umschlaggestaltung und Konzeption:
R·M·E München / Roland Eschlbeck, Liana Tuchel
Umschlagbild: © The Stock Market
ISBN 3-451-04991-0

■ Danksagung

Mein ganz besonderer Dank gilt meinen Söhnen Nikolas, Tobias und Mathias. Ich habe ihre Kindheit und (mittlerweile) ihre Pubertät begleiten und dabei sehr viel über die Verletzbarkeit der männlichen Seele erfahren dürfen. Sie haben mich reifer und gelassener werden lassen, indem sie mich mehr über die Beziehung zwischen Männern und Frauen gelehrt haben, als ich auf anderen Wegen erfahren konnte. Und sie haben mir gezeigt: Jungen zu erziehen ist nicht schwieriger, als Mädchen ins Erwachsenenleben zu begleiten – es ist nur anders ...

Inhalt

Vorwort 8

1 Starke Jungs – arme Jungs 12

2 Muttersöhne – Söhnemütter 38

3 Die Sehnsucht nach dem Vater 59

4 Ritter ohne Furcht 80

5 Einsame Helden 92

6 Wenn Söhne Männer werden 98

7 Und was heißt das in der Praxis? 119

8 „Jungen brauchen Väter"
Interview mit Markus Kristen, Sexualpädagoge und Experte für Jungen-Sozialisation bei Pro Familia Hamburg 133

Literatur 144

■ Vorwort

Während sich noch vor zwei Jahrzehnten mehr Eltern einen Sohn als eine Tochter wünschten, ist es heute „anders rum". Töchter würden sich mehr um ihre Eltern kümmern, ist eine der Begründungen. Mädchen gelten aber auch als „pflegeleichter". Zudem sind sie heute selbstbewusster, motivierter und fleißiger. Inzwischen machen mehr Mädchen als Jungen Abitur, und sie haben die besseren Abiturzeugnisse. Jungen versagen häufiger in der Schule, haben mehr Kontaktschwierigkeiten, sind öfter gewaltbereit, alkohol- und drogengefährdet. Und Jungen leben riskanter. Im Alter von 15 Jahren ist ihr Risiko, durch Unfall, Gewalt oder Selbstmord zu sterben dreimal so hoch wie bei Mädchen.

Auf einem Frauenfest, zu dem ich kürzlich eingeladen war, hörte ich mal wieder die Klage, die ich schon länger kenne und der ich mich manchmal ganz gerne anschließe: Für die Förderung von Mädchen sei in den letzten Jahren so viel getan worden (und das war zweifellos bitter nötig!), doch um das Erziehungskonzept und das Rollenangebot für Jungen habe man sich viel zu wenig gekümmert. Im Zuge unserer Diskussion berichtete eine Mutter, sie habe ihren Söhnen das Raufen „abgewöhnt"; darin sah sie einen Beitrag zur Entwicklung in Richtung „neue Männer".

Das kann nicht die neue Söhne-Erziehung sein! Es wäre fatal, aus Jungen nur „andere Mädchen" machen zu wollen. Jungen brauchen – genau wie Mädchen – Zärtlichkeit, Wärme, Verständnis, Unterstützung und Hilfe bei der Suche nach ihrer Position im Leben. Sie reagieren auf diese Angebote anders als Mädchen, und darin liegt für Eltern manchmal eine Schwierigkeit. Die Hauptschwierigkeit ist aber nach wie vor die gesellschaftliche Ambivalenz („Sei ein einfühlsamer Mann, aber bring uns nicht mit Deinen Gefühlen in Verlegenheit!") verbunden mit der Flut an Doppelbotschaften, die Jungen heute bekommen.

Mütter und Väter von Söhnen müssen sich kritisch mit ihrer eigenen Erziehungsgeschichte und ihren von Kindesbeinen an verankerten Wertvorstellungen auseinander setzen, um klarer zu sehen, was sie (vor allem auch unbewusst) von ihrem Sohn erwarten und wie sie ihn dadurch beeinflussen und prägen.

Einen Sohn zu erziehen hat für manche Mütter ganz entscheidend mit der Verwirklichung von Gleichberechtigung aus weiblicher Sicht zu tun. Das ist jedoch eine ziemlich einseitige Neuorientierung in der Jungenerziehung. Dabei wird wie gebannt auf die Vermeidung oder Ausmerzung von Macho-Allüren und aggressiven Handlungen gestarrt, statt das Augenmerk hauptsächlich darauf zu richten, Jungen eine größere Bandbreite an emotionalen Entfaltungsmöglichkeiten zuzugestehen.

Wenn auch weithin die Meinung herrscht, Jungen würden sich durch ihr raumgreifendes Verhalten ohnehin alles nehmen, was sie wollen, so muss man bei genauer Analyse feststellen: Jungen dürfen sich weit weniger erlauben als Mädchen. Zeigen sie auch nur ansatzweise weibliche Attitüden wie eine Liebe zu Schmuck, zu Tanz, zu Handarbeiten, zum Spiel mit Puppen, zu aufmerksamer Körperpflege u. ä. kann ihre Umwelt ihr Unbehagen nur mühsam verbergen („Der wird doch nicht etwa ...!"). Ein Mädchen kann sich wild und burschikos geben – sie verliert ihre Anerkennung dadurch nicht, und sie bleibt eindeutig weiblich!

Die ersten beiden Jahrzehnte der Emanzipationsbewegung standen vor allem unter der Maxime der Gleichmacherei. Die Unterschiede zwischen Männern und Frauen versuchte man auf die rein biologisch determinierten Fortpflanzungsaufgaben zu reduzieren. Darüber denkt man glücklicherweise in den letzten zehn Jahren wieder anders, denn mehr und mehr musste man erkennen, dass wir so nicht weiterkommen. Heute wird anerkannt und begrüßt, dass es noch viele weitere elementare Unterschiede zwischen Männern und Frauen gibt, durch die sich die Geschlechter letztlich wunderbar ergänzen könn(t)en.

Damit ist aber längst nicht alles ausgestanden. Männlichkeit scheint immer wieder mit einer Art minderbemittelter Menschlichkeit assoziiert zu sein: Männer führen Kriege, sind für fast alle Morde dieser Welt verantwortlich, zwingen Frauen zur Prostitution und vergewaltigen – sogar kleine Mädchen und Greisinnen. Auch wenn zu solchen Verbrechen nur eine verschwindende Minderheit der Männer fähig ist, bleiben noch genügend Klagen: Männer seien egoistische, wehleidige und in Gefühlsdingen sprachlose Wesen, die sich am liebsten von einer Frau bedienen lassen. Das hat schon manche Frau dazu gebracht, „männerfeindlich" zu werden. Deshalb weht heute den Männern ein anderer Wind ins Gesicht …

Männer sehen sich einer zunehmenden Image-Verschlechterung ausgesetzt: Man muss sich nur mal bestimmte Werbespots ansehen (und die Wirkung ihrer indirekten Botschaften sollte man nicht unterschätzen): Da werden Männer immer öfter als ziemlich trottelig und den Frauen hoffnungslos unterlegen dargestellt. Frauen steht es mittlerweile zu, sich öffentlich über Männer lustig zu machen, so wie Männer das umgekehrt Jahrhunderte getan haben. Aber für unsere Söhne sind das, was sie da unvermeidlicherweise zu sehen bekommen, keine guten Startbedingungen. Auf der einen Seite wird ihnen noch immer vermittelt, dass Jungen keine „loser" (übrigens ein beliebtes Schimpfwort unter Jungen) sein dürfen, auf der anderen Seite wird ihnen vorgeführt, dass sich unter Männern – vor allem nach Ansicht von Frauen – nicht wenige Deppen befinden, die zu nichts zu gebrauchen sind.

Und es kommt noch etwas hinzu, was die Jungenerziehung schwierig macht: Jungen werden fast ausschließlich von Frauen erzogen, auch von Frauen, die unter rücksichts- und gedankenlosen Männern leiden oder gelitten haben und am liebsten lautstark in oben beschriebenes Horn tuten würden (und leider auch manchmal nicht umhin können, es vor den Augen und Ohren des Sohnes zu tun). Den Sohn immer liebevoll zu unterstützen und seine heranwachsende Männlichkeit zu begrüßen – das ist deshalb für manche Frauen ein seelischer Drahtseilakt. Und das bleibt ihrem Sohn nicht verborgen ...

In diesem Buch werden Sie keine Geheimrezepte zur Erziehung rundum glücklicher Jungen finden. Sie finden aber viele Gedankenanstöße und Vorschläge zu der Frage, was man in Familie und Erziehung ändern könnte, um den besonderen Bedürfnissen von Jungen besser gerecht zu werden.

Doro Kammerer   Herbst 2000

1 ■ Starke Jungs – arme Jungs

Jungen sind von Geburt an weniger robust als Mädchen. Schon im Mutterleib und später bei der Geburt ist das Leben von Jungen mehr gefährdet. Auf 100 Mädchen werden zwar im Durchschnitt 107 Jungen geboren, doch büßen sie diese Mehrheit recht schnell ein, denn bei der Geburt und in den ersten Lebenswochen sterben wesentlich mehr Jungen als Mädchen – und das fast überall auf der Welt. Zu erklären ist dieses Phänomen nicht, denn Jungen kommen mit einem durchschnittlich höheren Geburtsgewicht auf die Welt und sehen auf den ersten Blick meist stabiler aus als ihre weiblichen Zeitgenossen. Mädchen werden allerdings mit einem Reifevorsprung von zwei bis drei Wochen geboren.

Jungen bleiben bis zur Pubertät in jeder Hinsicht krankheitsanfälliger als Mädchen; sie holen sich schneller eine Infektion und erholen sich von einer Erkrankung langsamer. Ihren allgemeinen Entwicklungsrückstand zeigen die Früherkennungsuntersuchungen U1 bis U9, bei denen Jungen durchschnittlich schlechter abschneiden als Mädchen. Jungen sind vom ersten Tag an deutlich mehr unfallgefährdet.

Auch in den Sprechstunden der Kinderpsychologen und sogar in den kinderpsychiatrischen Abteilungen sind Jungen in der Mehrzahl.
- ■ 30 Prozent mehr Jungen als Mädchen werden wegen fehlender Schulreife zurückgestellt.
- ■ 60 Prozent der Sonderschüler sind Jungen; an die Son-

derschulen für verhaltensgestörte Kinder gehen sogar fast 80 Prozent Jungen.
- Jungen wiederholen häufiger eine Klasse als Mädchen.
- Jungen trinken häufiger und früher Alkohol.

Trotz dieser auffallenden körperlichen und seelischen Anfälligkeit wird noch viel zu selten die Frage gestellt, ob dieses Phänomen etwas mit der männlichen Geschlechtsidentität zu tun haben könnte. Vor allem psychosomatische Symptome sind ja immer ein Zeichen dafür, dass seelische Konflikte nicht auf anderem Wege ausgedrückt werden können.

Männlichkeit – so brüchig wie noch nie

Ab einem gewissen Alter kann einem Jungen nicht entgehen, was heute mit der Männerwelt los ist: Viele Männer sind heute zutiefst verunsichert; sie sollen einfühlsam sein und mit ihren Gefühlen in Kontakt stehen, und wenn sie das geschafft haben, werden sie als „Frauenversteher" und „Weicheier" diffamiert. Wenn sie sich in Familienleben und Haushalt betätigen, müssen sie häufig erleben, dass sie gesellschaftlich nicht ganz ernst genommen werden, dass sie mitunter in den Augen ihrer Frau „alles falsch" machen. Ihr letztes Terrain ist der Arbeitsplatz und wehe, da gibt es dann auch noch Schwierigkeiten. Dann geht es einem Mann – natürlich nur ganz heimlich – ziemlich „dreckig", und nicht wenige Psychotherapeuten können ein Lied davon singen, welches Häufchen Elend sich hinter einem „gestandenen Mannsbild" verbergen kann.

Männer sind – so äußern das manche Frauen – abgesehen von kurzfristigen Einsätzen durchaus entbehrlich.

Schließlich können Frauen mittlerweile fast alles allein ...
Dies ist zwar ein wenig überzeichnet, aber es erhellt ein Stück weit, wie bedroht die männliche Identität ist.

Hausmänner und alleinerziehende Väter werden immer noch eher als Exoten betrachtet und sind es von ihrer Zahl her auch. Kein Wunder also, dass sie den männlichen Alltag nicht grundlegend verändert haben. Beruf, Karriere, Auto, Handy, Sport und Computer bzw. Internet bestimmen (immer noch) vorwiegend die Lebenswelt des Durchschnittsmannes. Die Männer, die ihrem Nachwuchs zuliebe auf etwas davon verzichten bzw. die Bedeutung dieser Dinge etwas zurückstellen, sind dünn gesät.

Aber wie könnte man das den Männern vorhalten? Mädchen hat man die Chance gegeben, sich aus einem Leben voller Aufopferung für andere und voller Fremdbestimmung zu befreien. Jungen ist das noch nicht gegeben, was sie dringend benötigen: die Befreiung vom Rollenzwang durch eine zeitgemäßere Definition von Männlichkeit. Dass noch ein Rollenzwang besteht, ist unumstritten: Männer können sich allen modernen Konzepten zum Trotz längst nicht so viel aussuchen wie Frauen, ob es um den vorübergehenden Rückzug aus dem Erwerbsleben zugunsten der Kindererziehung geht oder um Modalitäten ihres männlichen Verhaltens.

Männerforscher sehen in vielen Männern – im Gegensatz zu entsprechenden feministischen Vorwürfen – nicht Machtträger, sondern eher Opfer „ausbeutender" Frauen. Die meisten Frauen empört eine solche Sichtweise mit Recht, weil sie diejenigen sind, die sich für die Familie abrackern, während ihr Mann sich nicht verantwortlich oder zuständig fühlt. Doch es gibt auch die Beispiele, die besagten Männerforschern Recht geben: Die Frau kann sich ein relativ ruhiges Leben machen

(z. B. wenn die Kinder aus dem Haus sind), während er sich für ihre (Luxus-)Bedürfnisse abstrampelt. Den Spieß einfach umzudrehen, das ist oft nicht praktikabel, beispielsweise weil die Frau schon lange aus dem Berufsleben ausgeschieden ist und keinen angemessenen Arbeitsplatz mehr bekommt. Aber auch sonst wird dieser Gedanke häufig eher als abwegig empfunden. Was würden „die Leute" sagen, wenn der Mann seinen Job hinschmeißt, seine Frau „in die Arbeit" schickt und den Haushalt übernimmt?

Schon als Baby ein „einsamer Cowboy"?

Man mag es kaum glauben, aber Studien deuten darauf hin, dass Erwachsene im Umgang mit Jungen meist weniger liebevoll sind als mit Mädchen. Und das geht mit dem Tag der Geburt los! Außerdem: Mit Jungen wird auch schon in den ersten Lebensjahren weniger gesprochen als mit Mädchen. Und noch erschreckender: Kleine Jungen werden heftiger und auch häufiger geschlagen als kleine Mädchen.

Und dann gibt es die Theorie, dass Jungen früher aus der engen Bindung an die Mutter gestoßen werden, weil eine Frau nur zur Tochter eine intensive Bindung eingehen kann und nicht zu einem Kind, dessen Körper so anders ist als der eigene.

Ich denke, dass man das auf keinen Fall verallgemeinern kann. Es gibt viele Söhnemütter, die diesen so anderen Körper, den sie hervorgebracht haben, tatsächlich geradezu vergöttern.

Beides – die zu kurze Bindung wie auch die „verschlingende", zeitigt bei Jungen nach Beobachtung von Männer- und Sozialforschern tief sitzende Angst vor engeren Beziehungen. Tiefe Beziehungen bedeuten für sie dann vor allem Abhängigkeit. Männer geben deshalb vor, ihre Freiheit zu brauchen und haben doch nur eine Riesen-Angst vor dem rasenden Schmerz der Trennung.

Die intime, persönliche Versorgung ist für die meisten Kinder nicht primär an die Liebe der Eltern gekoppelt, sondern an die Liebe der Mutter, an die Liebe einer Frau. Auch wenn die meisten Männer diese Liebe zur Mutter – die Liebe eben zu dem Menschen, der dem Kind erste Zuwendung, Zärtlichkeit und Befriedigung geschenkt hat – gern etwas herunterspielen oder gar abwerten, so zeigt sie sich doch oft maskiert. Man denke an die Männer, die sich auch in der Ehe benehmen, als seien sie bei Mami. Übertrieben ausgedrückt: Diese Männer bleiben ihr Leben lang auf der Suche nach der Mutter, erblicken in jeder Frau, mit der sie eine Beziehung eingehen können, wieder ihre Mutter.

Ein Indiz dafür meinen die Soziologinnen Cheryl Bernard und Edit Schlaffer auch in der kindlichen Eifersucht (bzw. dem Ödipuskomplex) zu entdecken. Zur Erinnerung: Der Ödipuskomplex stellt den Wunsch des Kleinkindes dar, an Vaters (bzw. Mutters) Stelle in der Partnerschaft treten zu dürfen. Benard und Schlaffer sehen aber eine ganz andere, nämlich eine wirkliche Konkurrenzsituation: Nicht der Sohn sieht sich als erwachsener Mann, sondern der Erwachsene – in diesem Fall sein Vater – fühlt sich (unbewusst) auch als Sohn und gebärdet sich teilweise sogar so.

In familien- und paartherapeutischen Gesprächen oder in Diskussionen in Männergruppen wird immer wieder deutlich, dass sich viele Väter nach einer Geburt (vor allem der des ersten Kindes) von ihren Partnerinnen stark vernachlässigt fühlen. Sie können offenbar nicht sehen, wie sehr ihre Frau jetzt vor allem Unterstützung bräuchte, stattdessen leiden sie, als hätte man einen Erstgeborenen vom Thron gestoßen. Frauen klagen ihrerseits, dass sie neben den Kindern noch ein großes Baby hätten – ihren Mann!

Machtphantasien und Verunsicherung eines Jungen

Ein Mädchen hat ihr Vorbild für weibliche Verhaltensweisen fast rund um die Uhr vor sich. Dem Jungen prägt sich durch das Zusammensein mit der Mutter ein Frauenbild ein (das ist auch etwas ganz Entscheidendes!). Für sein Repertoire an männlichen Verhaltensweisen bringt dieses Zusammenleben nur mit der Mutter allerdings nicht viel. Nur der Vater kann dem Jungen vorleben, wie ein Mann seinen Alltag gestaltet und bewältigt und wie er mit einer Frau (in diesem Fall vor allem mit der Mutter) umgeht. Doch der Vater – das ist sattsam bekannt, wird uns aber in diesem Buch leider noch öfter beschäftigen – ist in aller Regel zu selten da.

Alles, was nicht da ist, wonach man sich aber sehnt, nährt die köstlichsten Phantasien. Ein Junge ist geradezu dazu gezwungen, solche Phantasien zu entwickeln, Fachleute sagen „ein idealtypisches Bild" des abwesenden Vaters zu haben. Der Vater wird auf diese Weise zum Super-Vater. Und so gibt er sich ja meist auch. Er hat immer eine Lösung parat und überhaupt alles im Griff; er zeigt keine Schwäche, er kennt keine Überforderung, kaum Nachsicht – weder für sich, noch für andere. Der Junge muss denken: „Männer können alles. Und ich werde auch einmal ein Mann, der alles kann und alles im Griff hat."

Interessant dazu sind die „Traumberufe" der Jungen zwischen sechs und 14 Jahren: An unschlagbar erster Stelle steht der Fußballspieler („the winner takes it all" ...), dann kommt – beinahe nur noch halb so oft gewünscht – der Polizist, sodann in kleineren Abständen Pilot, Kfz-Mechaniker, Computerfachmann, Arzt, Tierarzt, Bankkaufmann, Lkw-Fahrer, Astronaut (Quelle: Deutsches Institut für Jugendforschung, 1999).

Was vielen Jungen fehlt, ist, die Schattenseiten eines (Männer-)Alltags zu erleben. Das Einerlei des Berufslebens, Mobbing, Intrigen, Fehlschläge und erzwungene Unterwürfigkeit. Wie der Vater damit zu Rande kommt (oder eben auch nicht, worüber er mit Sicherheit ziemlich verzweifelt ist), bleibt den meisten Jungen verborgen. Ja, vielen von ihnen wird es auch deswegen verborgen bleiben, weil ihre Väter sich Schwächen selbst nicht eingestehen, gegen miese Gefühle sofort etwas unternehmen (z. B. Rauchen, Joggen, Ramazotti trinken, ihre Wut an nächst Erreichbaren auslassen).

Man sieht manchen Jungen an, dass ihr Papa einfach ein ganz toller Hecht ist bzw. dem Jungen vermittelt, er wäre einer. So wichtig es ist, dass Kinder auf ihre Eltern stolz sein können, solche aufgesetzten Allmachtsgefühle bringen einem Jungen gar nichts. Im Gegenteil. Er fühlt sich ständig überfordert und empfindet sich schlimmstenfalls als Versager. Es wundert dann nicht, dass Jungen häufig schon im Kindergarten streiken, wenn sie einmal etwas Besonderes darbieten sollen, oder dass sie in der Schule trotz hoher Intelligenz immer am Limit herumkrebsen.

Immer nur abgrenzen ...

Männer definieren sich ganz wesentlich über Abgrenzung, vor allem über die Abgrenzung zu allem Weiblichen (Frauen haben mit dem Thema „Abgrenzung" ganz andere Probleme; ihnen fällt es oft furchtbar schwer, sich abzugrenzen, weil sie nicht lieblos und unfreundlich wirken wollen). Auch Jungen müssen irgendwann anfangen, sich gegen ihre Mutter abzugrenzen, obwohl sie diese erste Frau in ihrem Leben abgöttisch lieben. Aber eine zu große Nähe zu ihr würde sie auf ihrem Weg hin zum Mann behindern. Ihre Eigenschaften darf der Junge möglichst nicht übernehmen, auch wenn er sie als sehr angenehm erlebt.

Viele Sozialisationsforscher sehen nur in wirklich partnerschaftlichen Erziehungsmodellen eine Chance, Jungen aus ihrer Abgrenzungs-Misere zu befreien. Jungen hätten dann genügend Zeit, ihrem Vorbild für männliches Verhalten das Notwendige abzuschauen und wären nicht krampfhaft gezwungen, immer nur das Gegenteil dessen zu tun, was Frauen ihnen vorleben. Die Abgrenzung zum Weiblichen verschlingt bei vielen Jungen eine Menge Energie, die sie anderswo besser gebrauchen könnten. Und es ist eigentlich tragisch: Wenn ein Junge eine gute Beziehung zur Mutter hat, fällt es ihm oft besonders schwer, weibliche Verhaltensweisen zu unterdrücken und Männlichkeit zu demonstrieren.

Müssen Jungen denn weibliche Verhaltensweisen unterdrücken? Da hat sich kaum etwas geändert: Nichts trifft Jungen so sehr wie das Etikett „wie ein Mädchen" oder „weibisch". Auch „du bist ja verliebt" ist eine Schmähung. Ebenso schlimm: „schwul" (als Inbegriff von „unmännlich"; siehe auch Seite 92 ff). Leider denken auch manche Eltern noch nicht anders. Um einem Jungen dies zu vermitteln, müssen sie keinen ihrer Gedanken aussprechen. Die Tabuisierung bestimmter Gefühle und Verhaltensweisen reicht schon, um einen Jungen in seinen seelischen Ausdrucksmöglichkeiten sehr früh einzuengen. Wehleidigkeit, Unentschlossenheit, Passivität, Ängstlichkeit – wer erträgt es schon ohne Weiteres, wenn der Sohn diese Eigenschaften zeigt?! Auch moderne Eltern sind dann zumindest beunruhigt und haben jede Menge vernünftige Gründe dafür (z. B. der Gedanke an die raue Arbeitswelt).

Allen Söhne-Eltern kann man nur dringend raten, ängstliche, aber auch zärtliche und fürsorgliche Gefühle von Jungen niemals abschätzig zu kommentieren, sie aber auch nicht (vielleicht noch peinlich berührt) zu ignorieren. Fast überflüssig zu erwähnen, dass man Jungen niemals beschämen darf, wenn sie weinen. Jungen sind genauso gefühlvoll wie Mädchen, und es ist ganz entscheidend, dass sie in der Kindheit ausreichend Gelegenheit bekommen, ihre männliche Emotionalität positiv zu erleben und zu entwickeln. Sie werden es später noch schwer genug haben, weil schließlich alle Welt noch Schwierigkeiten damit hat, männliche Emotionen zu erleben. Oder wie geht es Ihnen, wenn ein Politiker während einer heftigen Bundestagsdebatte am Rednerpult mit den Tränen kämpft?

Ach, die bösen Buben!

Als junge Mutter von drei kleinen Söhnen begegnete ich häufig mitleidigen Reaktionen ungefähr des Inhalts „Sie Ärmste! Sie werden es mal schwer haben – Buben sind frech, aufsässig, laut und rücksichtslos – und wenn sie groß sind, wollen sie nichts mehr von der Mutter wissen!" Ich kann Ihnen versichern, dass ich während der zurückliegenden Jahre vielen Mädchen begegnet bin, die als Tochter zu haben garantiert auch kein Zuckerschlecken ist. Ich war immer glücklich mit meinen Söhnen, habe mich in äußerst seltenen Momenten nach einer Tochter gesehnt (ich gestehe es: Es war gelegentlich beim Einkaufen, wenn ich in einem eleganten Kaufhaus Mutter und Tochter beim Kleidungskauf beobachtete. Das muss herrlich sein, dachte ich, eine Tochter hat eben dafür Verständnis, dass sich ihre Mutter Stunden mit Mode, Kosmetik, Taschen und Accessoires beschäftigen kann. Mein Ältester dagegen, ein einziges Mal aufgefordert, mit mir in eine Parfümerie zu gehen, um für mich einen Lippenstift auszusuchen, warf sich mit verschränkten Armen auf den Tisch und stöhnte: „Oh nein, ich weiß, wie lange so etwas dauert! Ich musste mal mit Marina mitgehen! Ich verstehe das gar nicht – Rot ist doch Rot!")

Mütter, die nur Söhne haben, und Mütter, die nur Töchter haben, kommen manchmal gar nicht gut miteinander aus. Da klagen die Töchtermütter, wie rüde die Jungen mit ihren Mädchen umgehen. Da sehen aber auch die Söhnemütter, wie beispielsweise ein Mädchen so lange an einen Jungen „hinstachelt", bis der sich zur Wehr setzt. Das tun Jungen mitunter so, dass man es nicht unbedingt als angemessen bezeichnen kann. Aber ihre Kräfte zu dosieren, ist eines der schwierigsten Lernkapitel ihres Lebens.

Auch eine Söhnemutter leidet, wenn sie sieht, wie ihre Söhne von Mädchen ausgebootet, verspottet oder belogen werden. Ich habe erlebt, wie sehr sich einer meiner Söhne um ein Mädchen bemüht hat, wie er für sie gebastelt oder ein Geschenk gekauft hat – und wie sie ihn so abblitzen ließ, dass er nur davontrotten konnte wie ein geprügelter Hund.

Warum wagt heute kaum jemand auszusprechen: Jungen können echte Flegel sein, Mädchen wahre Biester! Während Mädchen jedoch in aller Regel nach erlittenem (oder gar schon bei drohendem) Unrecht zur Mutter laufen oder den Papa einschalten, verkneifen sich Jungen nicht selten auch nur den geringsten Hinweis darauf, dass sie von einem Mädchen gedemütigt worden sind. So eine Schmach kann man gar niemandem erzählen!

Man kann erahnen, wie unglaublich einsam und verletzt sich so ein Junge fühlen muss. Vielleicht hat er bei anderen Gelegenheiten, bei denen ein Junge der Täter war, erlebt, wie eine Töchtermutter auf „die aggressiven Jungs" geschimpft und sie alle in Bausch und Bogen zu miesen Typen abgestempelt hat.

Um Missverständnissen zu begegnen: Ich halte nichts von Rivalitäten unter Müttern, und die meisten Frauen sind auch so vernünftig, dass sie nicht das eine oder andere Geschlecht kurzerhand verdammen. Aber mir sind durchaus Töchtermütter begegnet, denen Jungs grundsätzlich irgendwie zuwider waren. Meine Söhne haben das natürlich gespürt und fühlten sich in Gegenwart dieser Frauen verständlicherweise nicht besonders wohl.

Nach meinem Dafürhalten sind die gemischten Gruppen bzw. Klassen in Kindergärten bzw. Schulen der ideale Weg, damit Jungen und Mädchen einander kennen- und verstehen lernen können (die eventuellen Nachteile der Koedukation für Mädchen sind ein eigenes Thema, auf das ich an dieser Stelle nicht eingehen möchte).

Meine Söhne haben vom Kleinkindalter an immer viele Spielkameradinnen gehabt, und ich habe den Eindruck, dass sich dies sehr positiv auf ihren Gefühlshaushalt ausgewirkt hat. Zu meinem Erstaunen war es einem von ihnen sogar möglich, wegen eines großen Liebeskummers auf einer Party zu weinen (und das mit zwölf Jahren!). Ein Freund meiner Söhne – auch aus einem sehr bewussten Elternhaus – weinte ebenfalls auf einem derartigen Event, aus Angst, seinen Freund zu verlieren. Mein Sohn erzählte mir, dass beide sehr liebevoll getröstet worden seien – auch von Jungen! Kein Wort von Spott! So etwas ist auf jeden Fall ein Anlass, zu hoffen …

Angeborene Gewaltbereitschaft?
Um die Aggressionstheorien gibt es seit Jahrzehnten einen heftigen Streit. Vor einiger Zeit kamen wieder verstärkt Thesen in Umlauf, die dem Biologismus huldigen. Männer seien von Natur aus aggressiv und gewalttätig veranlagt, um ihr Erbgut weiterzugeben, heißt es da, und solche Thesen können in der Behauptung gipfeln, dass deshalb auch Vergewaltigungen zu den naturgegebenen Ereignissen zu rechnen seien. Wenn man mal miterlebt hat, wie manche Männer über Vergewaltigungen reden und wie häufig Gewaltszenen in pornografischen Machwerken vorkommen (also offenbar sexuell anregen), dann kann man sich ausmalen, wie verbreitet diese biologistischen Denkweisen sein müssen. Ich möchte in diesem Buch nicht weiter dagegen anschreiben – Leute, die so denken, lesen wohl ohnehin keine Ratgeber.
Aus ethnologischen Studien haben manche Wissenschaftler ableiten wollen, dass aggressionsfreie und liebevolle Beziehungen zwischen Menschen durchaus möglich sind. Man müsse nur herausfinden, welche kulturellen Beziehungsformen bei den (vermeintlich?)

gewaltfreien Völkern existieren, und unseren Umgang miteinander dahingehend ändern.

In unserem Kulturkreis überwiegt die Auffassung, dass ein gewisses Maß an Aggressivität normal und wichtig ist. Kinder, die keinerlei Aggressivität zeigen, sind nach Einschätzung von Experten meist an der Grenze dessen, was noch als psychisch gesund zu bezeichnen ist. Jeder Mensch braucht ein gewisses Aggressions-Potential, um sich in der Welt behaupten zu können. Wenn allerdings jeder Konflikt nur noch mit Gebrüll, Beißen, Kratzen, Schlagen und Treten beantwortet wird und keine andere „Argumentationsmöglichkeit" besteht, liegt etwas im Argen.

Aggressionen haben Wurzeln, über die man manchmal nur staunen kann. Aggressionen können Folge von Ablehnungen, Enttäuschungen, verletzenden Disziplinierungen sein, von zu lascher Erziehung, von mangelnder Elternliebe, von Angst oder von Verwöhnung. Provokationen und Aggressionen können sogar Ausdruck für die Sehnsucht vieler Jungen sein, in ihrer Ganzheit akzeptiert und nicht auf einige Männlichkeitsmerkmale reduziert zu werden.

Keine Mutter ist glücklich darüber, wenn ihr Kind sich über ein erträgliches Maß hinaus „durchsetzt" oder zur Wehr setzt. Aber wie in allen Bereichen der Erziehung ist es wichtig, die Kinder spüren zu lassen: Ich verstehe, woran dir gelegen ist, und ich verstehe, dass du manchmal keine anderen Möglichkeiten siehst als die, die du gewählt hast.

Vor allem für Eltern, denen Frieden und Gewaltfreiheit ein besonderes Anliegen ist, sind Grobheiten unter ihren Kinder kaum zu ertragen. Sie versuchen, „Ausschreitungen" möglichst schon im Keim zu ersticken und vergessen dabei, dass Selbstbehauptung zu den gesunden Impulsen eines Menschen gehört. Diese abzuwürgen hieße, den Kindern ihren Zugang zu ihren Gefühlen und Bedürfnissen zu versperren. Das macht problemlose Kinder, denn aggressionsgehemmte Kinder fallen nicht auf, stören nirgendwo. Die Familie wirkt auf den ersten Blick sehr harmonisch, aber den Kindern fehlt eine entscheidende Entfaltungsmöglichkeit. Ihre verdrängten oder abgespaltenen Gefühle müssen sie eventuell später im Erwachsenenleben mühsam mit therapeutischer Hilfe wieder ausgraben.

Ohne dass wir es selbst spüren und bewusst wollen, signalisieren wir unseren Kindern immer wieder, ob sich ihre Entwicklung mit unseren Wünschen und Vorstellungen deckt. Und wohl niemand ist so ganz frei von einem Jungen- und einem Mädchenbild, dass noch ziemlich überholte Muster enthält. Wir können viel Fortschrittliches erzählen – wenn wir nicht wirklich so empfinden, durchschauen uns unsere Kinder. Eine Doppelbotschaft („Double Bind") verwirrt und lähmt sie und macht sie geradezu handlungsunfähig.

Alle Kinder wollen nur das eine: geliebt werden. Sie wissen intuitiv, dass sie dann besonders gemocht werden, wenn sie den Erwartungen und Wünschen der Eltern entsprechen. Anerkennung in unseren Blicken und nonverbale Signale verhelfen ihnen zu einem positiven Selbstbild. Zweifelnde oder missbilligende Blicke und Botschaften zeigen einem Kind, dass es so wie es ist, nicht stimmt. Gerade Jungen neigen unter diesen Bedingungen dazu, „auffällig" zu werden (Mädchen werden dagegen eher still).

Wenn Jungen auffallend aggressiv sind, kann also auch ein verzweifeltes Ringen um Liebe dahinterstecken. Sie wollen dann gleichsam mit Gewalt die Liebe ihrer Eltern oder Bezugspersonen testen.

Wie sollen Jungen fürsorglich und einfühlsam sein, wenn sie aus ihrer Umgebung ganz andere Appelle, Signale und Feedbacks aufnehmen? Gestik, Mimik und Tonfall zeigen unverblümt, was man wirklich von seinem Gegenüber hält. Alle Kinder sind unglaublich sensitiv und spüren auch Nuancen ...

Jungen brauchen festen Halt

Jungen, die überall anecken und ständig provozieren, sind oft todunglücklich und verzweifelt. Ihnen fehlen meist Grenzen, Halt und Orientierung. Denn nur das gibt Kindern das Gefühl von Geborgenheit und aktiver Zuwendung. Sind die Eltern nicht in der Lage, auch ein klares Nein auszusprechen, müssen die Kinder befürchten, es mit schwachen, unsicheren Menschen zu tun zu haben (womit sie ja auch Recht haben!). Und solche Eltern können ja gar keinen Halt geben. Mit ihrem aggressiven Benehmen erreichen diese Jungen zwar fast alles bei ihren Eltern, aber glücklich macht sie das nicht.

Das ist eine Schwierigkeit, mit denen heute immer mehr Jungen zu kämpfen haben: Viele Eltern haben kein klares Erziehungskonzept. Wenn es keine klaren Regeln gibt, wenn Regelverstöße sehr nachgiebig gehandhabt werden, oder wenn einfach weggesehen wird, dann werden Kinder unsicher – und nach Experteneinschätzung sind Jungen da stärker gefährdet. Es sollte allen Eltern bewusst sein, dass eine Gummiwand-Erziehung auch ängstlich macht – und dass Jungen ihre Angst oft durch lärmende und aggressive Verhaltensweisen ausdrücken.

Auch unsichere Jungen sind häufig aggressiv. Wenn ihrer Aggressivität nicht Paroli geboten wird, testen sie immer verzweifelter aus, wie weit sie gehen müssen, bis mal jemand kommt, der ihnen Widerpart – und Halt bietet.

Den seelischen Ursachen eines aggressiven Verhaltens geht man bei Jungen viel seltener auf den Grund als bei Mädchen. Jungen, so heißt es, seien nun einmal so. Aggressive Coolness, Angst und Unsicherheit sind jedoch miteinander verknüpft und beeinflussen sich gegenseitig. Frei von Angst zu sein, gilt aber nach wie vor als Männlichkeitsbeweis. Je weniger Angst ein Junge zeigen darf, desto aggressiver verhält er sich, muss er sich verhalten. Der Diplompädagoge Dieter Schnack und der Soziologe Rainer Neutzliung sprechen in ihrem Buch „Der Alte kann mich mal gern haben!" von dem immensen Druck, unter dem Jungen stehen, sich stark, unverletzlich und überlegen zu fühlen. Die beiden Autoren sind der Ansicht, dass dieser Zwang zum coolen Heldentum ausschließlich eine Folge der Sozialisation sei.

Und die Züricher Jugendpsychologin Eva Zeltner berichtet in ihrem Buch „Weder Macho noch Muttersöhnchen" von Jugendlichen, die für Familie und Schule „untragbar" geworden und deshalb in ein Heim eingewiesen worden waren. Bei der Mehrzahl dieser Jugendlichen habe es sich um sehr sensible Kinder gehandelt, die sich infolge von Scheidung oder Tod der Eltern nie so angenommen gefühlt hatten, wie sie waren. Es sei erschütternd, so Eva Zeltner, wie Jungen in einer Umgebung, die ihnen keine Zuneigung schenkt, sondern ihnen mit Gleichgültigkeit und Desinteresse begegnet, verkümmern. In einer Umgebung, die sie zurückstößt, die von ihnen keine Liebe haben will, stattdessen Forderungen an sie stellt, denen sie nicht gewachsen sind.

In einer unterkühlten, leistungszentrierten Umgebung sind schon viele Jungen zu Männern geworden – und nicht wenige zu ganz besonders erfolgreichen mit hochdotierten Positionen. Einige unter ihnen offenbaren zumindest ihren Therapeuten, dass sie sich in ihrem Innersten leer und kaputt fühlen. Ein bekannter Münchner Psychotherapeut enthüllte einmal in einem Interview, dass viele in der Öffentlichkeit bekannte Männer vor allem wegen Depressionen zu ihm kämen.

Man kann sich diese Diskrepanz kaum vorstellen: Hier der Top-Manager, immer gepflegt und stets souverän auftretend, da das weinende menschliche Wrack, das im Privatleben kaum noch ein und aus weiß. Wenn man die Sehnsucht danach, so angenommen zu werden, wie man ist, mit all der Verletzbarkeit und der Bedürftigkeit, die jeder Mensch auch im Erwachsenenalter noch hat, sein Leben lang „einsperren" musste, wird man immer „auf der Suche" sein und sich – allen äußeren Erfolgen zum Trotz – innerlich leer und tieftraurig fühlen.

Deshalb: Einem Sohn straffe Zügel zu bieten, heißt nicht, ihm nicht neben den klaren Regeln und dem festen Halt (auch im Sinne einer Überprüfung der Einhaltung der Regeln!) gleichzeitig auch Mitgefühl, Verständnis, Zärtlichkeit und Liebe schenken zu dürfen.

Regeln für alle Altersstufen?
Wenn ein Zweijähriger an der Zimmerpflanze zieht oder den CD-Ständer umzuwerfen versucht, dann gehört das noch in die Rubrik „Ausprobieren". Kinder dieses Alters wollen nicht provozieren oder die Eltern ärgern. Sie merken, dass ihr Verhalten etwas bewirkt, und die Aufregung, die entsteht, gefällt ihnen durchaus. Doch Strafen sind in einem Alter, in dem Kinder

ihren Sinn weder emotional noch mental erfassen können, überhaupt nicht angemessen. Deshalb gibt es hier nur eins: vom Corpus delicti ablenken oder den Gegenstand verräumen.

Ein Dreijähriger, der einen Spielkameraden an den Haaren zieht, probiert ebenfalls seine Kraft und seine Wirkung aus. In solchen „aggressiven" Vorgängen zeigen sich keineswegs die ersten Eigenschaften eines Schlägertyps. Das Kind weiß noch nicht, dass auch andere genau solche Schmerzen empfinden können wie es selbst. Es weiß nicht, dass es durch sein Verhalten Regeln des Zusammenlebens verletzt. Natürlich muss man auf so einen Vorfall reagieren, aber das möglichst ruhig (die meisten ErzieherInnen können das sehr gut, denn es ist gewissermaßen ihr täglich Brot!). Alles, was dramatisiert wird, bekommt einen besonderen, vielleicht etwas prickelnden Stellenwert und gerät in Gefahr, immer wieder ausprobiert zu werden. Wenn Eltern sich zu bestürzt zeigen und womöglich stundenlang „böse" mit dem Kind sind oder gar immer wieder von dem Vorfall reden, könnten sie unter Umständen genau das Gegenteil dessen erreichen, was sie anstreben: Der Junge wird wirklich aggressiv.

Von Jahr zu Jahr kann man nun wenige, leicht verständliche Regeln aufstellen wie z. B., dass schmutzige Schuhe vor der Tür ausgezogen werden, dass bei Tisch nicht mit dem Besteck auf den Teller gehauen wird, dass Bausteine am Abend in eine Kiste kommen, Puppen und Tiere in ihre Betten gebracht und Kleidungsstücke über einen Stuhl gehängt werden. Wenn die Einhaltung dieser Regeln gut klappt, kann man einige neue hinzunehmen. So arbeitet man allmählich eine Art Regelwerk aus, ohne das Kind zu überfordern.

Regelverstöße sollten nicht mit Strafen, sondern (nach Rudolf Dreikurs) mit Konsequenzen belegt werden. Ein Beispiel: Der Junge ist trotz klarer Regel mit den tropfnassen Gummistiefeln durch Diele und Wohnzimmer gestapft. Konsequenz: Er muss die Spuren ordentlich beseitigen. Mütter neigen dazu, so etwas lieber selbst sauber zu machen, weil es nur dann auch wirklich ordentlich ist ... Auf Dauer schneiden sie sich damit ins eigene Fleisch und dürfen sich nicht wundern, letztlich doch einen Macho mehr in die Welt zu entlassen ...
Kinder „dürfen" noch bis ins Schulalter handgreiflich reagieren – das ist noch kein echter Regelverstoß und sollte mit Gesprächen statt mit irgendwelchen Konsequenzen beantwortet werden. Vor allem Jungen diesen Alters können ihren Unmut und Gefühle der Kränkung oft nur auf dem Weg über ihren Körper austragen. Mehr und mehr lernen die Kinder – Jungen genauso wie Mädchen – wie man Konflikte auf verbalem Weg löst. Am besten lernen sie das, wenn sie erleben dürfen, dass ihre Eltern in der Lage sind, konstruktiv miteinander zu streiten.

Kindern Halt zu geben, bedeutet auch, sich nicht mit ihren Problemen zu identifizieren. Wenn ein Kind auf dem Spielplatz, im Kindergarten oder auf dem Schulhof kaum Kontakte findet, leiden Eltern verständlicherweise mit. Dieses Mitleid und das Gefühl der Hilflosigkeit bringen das Kind aber keinen Schritt weiter. Im Gegenteil: Die elterliche Verunsicherung potenziert sein Problem. Es ist nicht ungewöhnlich, dass gerade Söhne auf diese Art von Mitgefühl mit Bettnässen oder anderen Arten von Fluchten zurück ins Babyalter reagieren. In einer solchen

Krisenzeit ist es besonders wichtig, auf die Einhaltung der bislang aufgestellten Regeln zu achten. Das gibt dem Alltag Struktur und zeigt dem Kind, dass das Vertraute noch funktioniert.

Alles eine Frage der Hormone?
Etwa ab der achten Schwangerschaftswoche beginnt der Einfluss des Y-Chromosoms auf den sich entwickelnden Embryo. Zunächst haben alle Embryonen nur weibliche Merkmale. Mit der Aktivität des Y-Chromosoms (zur Erinnerung: Der „kleine Unterschied" zwischen Männern und Frauen besteht darin, dass Frauen zwei X-Chromosomen, Männer ein X- und ein Y-Chromosom haben) beginnt die Produktion von Testosteron. Dieses männliche Hormon sorgt vor allem für die Entwicklung der Geschlechtsorgane, die in den ersten Wochen eher weiblich aussehen. Am Ende der 15. Woche sind die Hoden voll ausgebildet und produzieren dann selbst zusätzliches Testosteron.

Zum Geburtstermin haben männliche Säuglinge so viel Testosteron im Blut wie ein zwölfjähriger Junge. Dieser Hormon-Reichtum zeigt sich auch äußerlich: Die Geschlechtsorgane sind bei Babys (auch Mädchen kommen hormondurchflutet zur Welt) verhältnismäßig groß; Jungen haben hin und wieder Erektionen. Der Testosteronspiegel sinkt dann in den ersten Monaten rapide ab und zwar um rund 80 Prozent.

Trotz dieser anfänglichen „Hormonprotzerei" – Testosteron hier, Östrogen da – kann man noch keine grundlegenden Verhaltensunterschiede erkennen, wenn man den meisten allerdings auch schon ansieht, ob sie Junge oder Mädchen sind.

Bei vierjährigen Jungen verdoppelt sich der Testosteronspiegel dann unerklärlicherweise. Die Auswirkungen sind vergleichsweise gering. Man kann nur beobachten, dass viele Jungen in diesem Alter besonders „wild" sind, gern toben, rennen, klettern und einiges dabei riskieren.

Zum Zeitpunkt des Schuleintritts ist der Testosteronspiegel wieder etwas zurückgegangen, was aber nicht ausreicht, um aus Jungen Schulkinder zu machen, die gern still sitzen. Ob für ihre Unruhe wirklich die Hormone verantwortlich sind – das kann niemand abschließend sagen.

Zwischen dem elften und 14. Lebensjahr geht dann der Testosteronspiegel rasant in die Höhe – bei manchen Jungen fast über Nacht. Wenn man bedenkt, dass dieser Spiegel dann 800 Prozent über dem liegt, der für ein Kleinkind typisch ist, dann kann man sich fast wundern, dass Jungen ob dieses Hormonschwalls nicht vollkommen ausflippen.

Testosteron löst jetzt einen Wachstumsschub aus; meist werden erst Arme und Beine länger (was die Kerle oft ziemlich schlacksig aussehen lässt), dann beginnt der Stimmbruch, die Schamhaare wachsen, Penis und Hoden vergrößern sich, erste Barthaare sprießen und Erektionen zu den unpassendsten Zeitpunkten bringen viele Jungen in peinsame Situationen. Wie rasch und ausgeprägt sich die körperliche Pubertät vollzieht, ist vor allem genetisch bestimmt.

Wissenschaftler sprechen auch von einer Neuverknüpfung von Nervenverbindungen im Gehirn. Diese Neuorganisation könnte dafür verantwortlich sein, dass manche Jugendlichen absolut chaotisch und geradezu kopflos wirken. Sie laufen durchs Leben, als gehe sie alles gar nichts an, sie vergessen wichtige Dinge und sacken in der Schule um mindestens eine Notenstufe ab.

Manche Experten gehen auch davon aus, dass der Testosteronspiegel eines Mannes sein Karriere- und Wettbewerbsdenken beeinflusst. Dazu ist zu sagen, dass weder Männer noch Frauen völlig hormongesteuert sind: auch ein gewisses seelisches Strickmuster gehört dazu, um sich ganz nach oben durchboxen zu wollen und zu können.

Zweifel an diesem einseitigen Einfluss der Hormone lassen wissenschaftliche Beobachtungen aufkommen, wonach Jungen in einem Angst erregenden, gewalttätigen schulischen Umfeld mehr Testosteron ausschütten und dass dieser Testosteronspiegel absank, wenn die Atmosphäre sich entspannte. Es scheint also ein Wechselspiel zu geben zwischen biologischen und sozialen Komponenten.

Man kann aber wohl davon ausgehen, dass soziale Faktoren lediglich die Ausschüttung des Hormons beeinflussen. Die Produktion wird weitgehend vom Biorhythmus bestimmt.

Wie sehr das Testosteron das männliche Verhalten bestimmt – darüber lässt sich also nur sehr vorsichtig etwas sagen. Höchstwahrscheinlich begünstigt Testosteron in gewissem Maß ein raumgreifendes und eher ichbezogenes Verhalten. Um solche Aussagen gibt es immer wieder heftigen Streit, denn vor allem Frauen wittern dahinter eine billige Rechtfertigung für alle Rücksichtslosigkeit und Gewalt, zu denen Männer in der Lage sind. Doch darum geht es hier nicht. Wir müssen anerkennen, dass Hormone eine gewisse Macht über unsere Stimmungen und Energien haben. Die meisten Frauen wissen ein Lied davon zu singen:

Ob Prämenstruelles Syndrom, Hormonveränderungen zu Beginn einer Schwangerschaft, Hormonabfall nach einer Geburt und das Versiegen der Hormonproduktion in den Wechseljahren – immer ist auch die Seele und damit unser Verhalten beteiligt.

Fest steht: Wir sollten biologisch determinierte Verhaltensweisen nicht leugnen, als wären wir nicht doch immer noch ein Teil der Natur. Wir müssen allerdings Verantwortung übernehmen auch für solche Verhaltensweisen. Und das müssen wir unseren Kindern – auch den Töchtern – beibringen.

Mädchen denken anders – Jungen auch!

30 Jahre Frauenbewegung ... Manchen pessimistischen Resümees („Aus den drei K – Kinder, Küche, Kirche – wurde die Doppel- und Mehrfachbelastung") zum Trotz kann man feststellen: Mädchen und Frauen haben heute unvergleichlich mehr Freiheiten und Entwicklungsmöglichkeiten als ihre Mütter bzw. Großmütter. Und niemand wird leugnen wollen, dass die jungen Mädchen heute so selbstbewusst und tough sind, dass manche Jungen neben ihnen geradezu Mitleid erregend blass und eingeschüchtert wirken.

Das neue Selbstwertgefühl der Mädchen hat natürlich Veränderungen im Geschlechterverhältnis bewirkt, aber es sieht ganz danach aus, als treten die Jungen (und Männer) unruhig von einem emotionalen Bein aufs andere, weil sie sehen, dass ihre alte Rolle nicht mehr beeindruckt – aber eine neue noch nicht zu ihrem Repertoire gehört.

Was Söhnen in ihrer Sozialisation noch weitgehend fehlt: Sie lernen kaum etwas oder zu wenig über

- die Versorgung anderer Menschen (bestenfalls lernen sie die von Tieren).
- die Möglichkeiten, Gefühle anderer Menschen von deren Gesicht abzulesen.
- die Pflege von Freundschaften.
- den Austausch von Gefühlen.
- die Deutung von eigenen Körpersignalen.
- Versorgung, Pflege und Gesunderhaltung des eigenen Körpers.
- die Wahrnehmung eigener Emotionen.

Wenn *beide* Eltern mit ihren Söhnen durch ihr Vorbild und durch Gespräche an der Entwicklung solcher Fähigkeiten arbeiten, soll das auch die Vernetzung der linken und rechten Gehirnhälfte begünstigen. Die rechte Gehirnhälfte – bei Jungen recht gut entwickelt – ist verantwortlich für gute mathematische und technische Fähigkeiten sowie für Ziel- und Handlungsorientiertheit. Einfach „umzuschalten" zur linken Gehirnhälfte, wo die Fähigkeit „wohnt", Gefühle in Worte zu fassen – das scheint für männliche Menschen denkbar schwierig zu sein.

Möglicherweise fehlt es Jungen auch an Anerkennung für alle Leistungen, die mehr der emotionalen Intelligenz zuzuschreiben sind. In der Zeitschrift *SOS Dialog* (Fachzeitschrift des SOS-Kinderdorfes) forderte die Sozialwissenschaftlerin Anita Heiliger vom Deutschen Jugendinstitut in München, Jungen sollten nicht mehr Anerkennung für ihre zur Schau getragene Härte erhalten, sondern „für Gefühlsäußerung und Empathie, für soziales Verhalten, für respektvollen Umgang mit dem anderen Geschlecht, für Zurückhaltung in der öffentlichen Darstellung, für das Akzeptieren von Schwächen und Verletzlichkeiten bei sich und anderen, für die Fähigkeit und Bereitschaft zu

Kommunikation und (gewaltfreier) Konfliktlösung. Auf dieser Basis könnte sich ein stabiles Selbstbewusstsein bei Jungen entwickeln, das keiner Machtaneignung und Überlegenheitsdemonstration bedarf."

Die Wissenschaftlerin setzt ihre Hoffnung in die männlichen Fachkräfte der Jugend- und Bildungsarbeit; die allerdings müssten selbst bereit sein, vom traditionellen Männlichkeitsbild abzurücken. Moderne Jungenarbeit kann nur mit Männern funktionieren, so auch die Auffassung der Leiter des Hamburger „Institut for male" Burkhard Oelemann und Joachim Lempert, die sich ihrer Schwächen und Stärken sehr genau bewusst sind und eher eine verstehende und beratende Funktion haben. „Der Berater muss einen guten Kontakt zu dem ‚Jungen in sich' haben. Das eigene Junge-Sein ist Männern normalerweise verloren gegangen, zumal sie schon als Jungen wesentlich in der Phantasie des werdenden Mannes gelebt haben." (Zitate aus *psychologie heute*; Dez./98).

Kommen Jungen zu früh in die Schule?
Es gibt einige Experten, nach deren Auffassung Jungen immer zu früh eingeschult werden. Im Vergleich zu Mädchen seien sie nämlich, was ihre geistige Entwicklung angeht, im Durchschnitt um sechs bis zwölf Monate im Rückstand. Besonders deutlich sei dieser Entwicklungsrückstand in der Feinmotorik, das heißt, dass Jungen sich schwerer tun, mit Schere und Schreibgerät (Jungen haben ja auch oft eine „Klaue"!) umzugehen. Sie befänden sich noch in der grobmotorischen Entwicklungsphase und hätten deshalb einen ständigen Drang, ihre großen Muskeln zu bewegen.
Man kann zwar davon ausgehen, dass Jungen diesen Entwicklungsrückstand gegenüber Mädchen während

der Grundschuljahre aufholen, doch in der Zwischenzeit sei der Schaden bereits angerichtet. Wenn Jungen spüren, dass sie ihren Mitschülerinnen gegenüber im Nachteil sind, fühlen sie sich als Versager, kommen nicht mehr mit, verweigern und nehmen immer weniger vom Unterrichtsstoff auf. Es kann dazu kommen, dass manche die LehrerInnen provozieren, den Unterricht stören, bestraft oder ausgegrenzt werden – der Weg in einen Teufelskreis, sprich: ins Schulversagen ist dann nicht mehr weit.

2 ■ Muttersöhne – Söhnemütter ...

Eine Söhnemutter darf keine Lorbeerkränze erwarten. Wenn ihr Sohn selbstständig und verantwortungsbewusst ins Leben marschiert, dann hatte er sicher, so wird allgemein gedacht, ein tolles Vatervorbild. Wenn ihr Sohn mit 30 noch zu Hause wohnt und keine Partnerin findet, dann liegt das – so die fast einhellige Meinung der Umwelt – an der vereinnahmenden Mutter.

Wann kann oder wann muss eine Mutter ihren Sohn ziehen lassen, damit aus ihm kein Muttersöhnchen wird? Darf sie ihn nach Herzenslust bemuttern, bis er auszieht oder muss sie ihn spätestens ab der Pubertät wegbeißen wie eine Löwenmutter ihr herangewachsenes Junges?

Mit sechs oder sieben Jahren, so sagen manche Wissenschaftler, beginnt die Ablösung von der Mutter bzw. die Hinwendung des Jungen zum Vater. Um diesen Prozess zu unterstützen, werden in manchen Ländern die Söhne zumindest der besser gestellten Familien ab diesem Alter in ein Internat geschickt.

Es gibt aber auch viele Wissenschaftler, die diese Brachial-Ablösung sehr ungünstig bewerten. Dadurch werde eine Verletzung verursacht, die das ganze weitere Leben beeinträchtige. Die Hinwendung zum Vater sei natürlich sehr zu begrüßen, doch sie dürfe nicht mit einer gleichzeitigen Distanzierung oder gar Trennung von der Mutter einhergehen. Ein Junge braucht noch ganz lang die Gewissheit, dass seine Mutter für ihn da ist. Er muss weiterhin einen guten, liebevollen Draht zu ihr haben dürfen.

Jungen tut die Trennung von der Mutter mehr weh

Es gibt schon bei kleinen Kindern, sogar bei Babys, einige geschlechtsspezifische Unterschiede zwischen Jungen und Mädchen. So reagieren kleine Jungen weniger auf Gesichter. Weibliche Babys haben einen besser ausgeprägten Tastsinn. Im Kleinkindalter sind Jungen beim Spielen eher in Bewegung und nehmen mehr Platz für sich in Anspruch. Sie basteln gern an Gegenständen herum. Jungen neigen dazu, ein Kind, das neu in ihre Kindergartengruppe kommt, erst mal zu ignorieren. Mädchen gehen eher auf den Neuankömmling zu. Doch besonders erstaunlich: Jungen leiden stärker unter Trennungen von ihrer Mutter. Es gibt keine Erklärung dafür.

Man kann nur Vermutungen anstellen: In seinen ersten Lebensjahren identifiziert sich ein Junge noch mit der Mutter, er nimmt auch weibliche Anteile in sich auf, und das ist im Sinne einer ganzheitlichen Entwicklung positiv. Doch wird eines Tages einem Jungen dann durch gesellschaftliche Instanzen signalisiert: „Feminin" darfst du auf keinen Fall sein". Also bleibt ihm nichts anderes übrig, als seine weiblichen Anteile zu bekämpfen, zu unterdrücken und zu verleugnen.

Jeder Mensch, der Anteile in sich unterdrücken muss, der gar gezwungen ist, sie zu hassen, kann nicht mit sich im Reinen sein, läuft Gefahr, seelisch krank zu werden. Nach Auffassung von einigen Männerforschern begünstigt diese innere Abspaltung von wesentlichen Persönlichkeitsanteilen die späteren Schwierigkeiten vieler Männer, Nähe zuzulassen und sich in andere Menschen einzufühlen.

Am besten klappt die Ablösung von der Mutter, „wenn sie in Mamis Nähe bleiben können, aber auch Zugriff auf Papi haben. Wenn ein Vater den Eindruck hat, dass ein Sohn zu sehr der mütterlichen Welt verhaftet ist (was passieren kann), dann sollte er sein eigenes Engagement verstärken – und nicht etwa die Mutter allein dafür verantwortlich machen Vielleicht ist der Vater aber auch zu kritisch und erwartet zu viel, so dass der Junge Angst vor ihm hat", schreibt der australische Psychologe und Familientherapeut Steve Biddulph in seinem Buch „Jungen! Wie sie glücklich heranwachsen".

Wenn Mütter nicht fähig sind, ihrem Sohn Liebe und Zärtlichkeit zu schenken (z. B. weil sie sich sehnlichst eine Tochter gewünscht haben und mit einem Sohn nur schwer zurechtkommen) oder wenn sie – mit der besten Absicht, ihr Kind nicht überzubehüten – zu früh beginnen, sich von ihrem Sohn zu distanzieren, so kann das ziemlich katastrophale Auswirkungen auf seine Seele haben. Kinder können mit so viel Kummer und Schmerz nicht umgehen, sie müssen diese Gefühle abkapseln.

Und wann dürfen diese Anteile des Jungen, des Heranwachsenden, des Erwachsenen, die sich der Mutter sehnsuchts- und liebevoll zuwenden wollten, wieder leben, wann werden sie aus ihrem Verlies geholt? Manchmal niemals mehr – ein unglaublicher Verlust für jeden Menschen! Die weggesperrten Anteile sind ja nicht einfach gelöscht, so wie man in Computerprogrammen etwas löschen kann. Wenn man diese Räume in sich verschlossen hält, wird man als Erwachsener Schwierigkeiten haben, der Partnerin gegenüber und den eigenen Kindern Wärme und Zärtlichkeit zu zeigen. Man wird vernünftig, diszipliniert und pragmatisch wirken, eher verschlossen, in schlimmeren Fällen sogar kaltherzig.

Zärtlichkeit bekommt (kleiner) man(n) nie genug

Zunächst eine Anmerkung: Dieser Abschnitt könnte genauso gut im Kapitel „Die Sehnsucht nach dem Vater" (Seite 59 ff.) stehen, denn Zärtlichkeiten zu schenken ist nicht allein Aufgabe der Mutter. Da sich aber eher Mütter als Väter die Frage stellen, ob sie ihrem Sohn nicht zu viel Zärtlichkeit geben, soll an dieser Stelle über das Thema gesprochen werden.

Zum Ausdruck „verzärteln" bzw. „zart" schreibt das Herkunfts-Wörterbuch: „Das mittelhochdeutsche zart: ‚lieb, geliebt, wert, vertraut; lieblich, fein, schön; zart, weich, schwächlich', das althochdeutsche ‚schwächlich' ist dunklen Ursprungs; „verzärteln": „übertrieben fürsorglich behandeln, verweichlichen".

Davon, dass „verzärteln" etwas mit „zu viel Zärtlichkeit geben" zu tun hat, steht hier also kein Wort. Doch ist es nicht so: „verzärteln" wird meist gleichgesetzt mit „verwöhnen, überbehüten"?! Dabei können Zärtlichkeiten kaum im Übermaß vergeben werden.

Ein Mann mittleren Alters, der auf mehrere gescheiterte Beziehungen zurückschaut, die zu seinem großen Leidwesen auch alle kinderlos geblieben sind, und der nun eine Therapie begonnen hat, erzählte mir, dass er von seiner Mutter niemals Zärtlichkeiten erfahren habe (im Gegensatz zu seiner Schwester). Und dass er erst heute verstehe, dass er in all seinen Partnerschaften niemals zeigen konnte, wie bedürftig er war, wie sehr er sich nach Zärtlichkeiten und Liebe gesehnt habe. Dass er in seiner exzessiven Sportausübung (unbewusst) den einzigen Weg sah, diese Sehnsucht zu ertragen und ein Stück weit zu kompensieren.

Ein Junge soll – ebenso wie ein Mädchen – von seinen Eltern erfahren können, wieviele Möglichkeiten es gibt, anderen auch auf körperlichem Weg zu zeigen, dass man sie mag. Durch die Missbrauchsdebatte hat so eine Aussage freilich einen Beigeschmack. Vor allem Väter fürchten sich davor, ihren Töchtern zu nahe zu kommen oder in einen unglückseligen Verdacht hineinzugeraten. Doch auch Mütter müssen in dieser Hinsicht auf sich achten. Sie fühlen sich in der Regel durch die Missbrauchsdebatte nicht angesprochen – doch auch Mütter können missbrauchen. Diejenigen, die es betrifft, finden sich vorwiegend unter den allein Erziehenden oder in unerfüllten Partnerschaften lebenden. Sie tauschen Zärtlichkeiten mit ihren Söhnen aus, die einem Liebhaber vorbehalten sein sollten. Schon der Kuss auf den Mund beim Verabschieden oder Gute-Nacht-Sagen – und das vielleicht noch vor Publikum – überschreitet eine Grenze, die zwischen Mutter und Sohn (generell zwischen Eltern und Kindern) gewahrt bleiben sollte.

Söhne werden – ohne dass der Mutter dies bewusst ist, geschweige denn sie eine böse Absicht hat – auf diese Weise vereinnahmt, müssen zwangsläufig spüren, dass sie hier eine Rolle übernehmen sollen, der sie zum einen nicht gewachsen sind und die sie zum anderen am Erwachsenwerden hindert. Der Bremer Sozialwissenschaftler Professor Gerhard Amendt hat in seinem Buch „Wie Mütter ihre Söhne sehen" solche Beispiele zusammengetragen. Es kommt tatsächlich vor, dass Frauen ihre Söhne regelrecht zu ihrer sexuellen Befriedigung missbrauchen; in Therapien müssen erwachsene Söhne derartige Erlebnisse mühsam aufarbeiten. Das sind mit Sicherheit Extrembeispiele, und ich denke, dass sich wahrscheinlich keine dieser Frauen bewusst war, was sie getan hat. Die meisten Mütter spüren genau, wo die Grenze zwischen Mutter-Kind-Zärtlichkeiten und Mann-Frau-Liebesspielen ist.

Erziehung heißt auch:
den Mut haben, sich unbeliebt zu machen

Genauso wie Kinder darauf angewiesen sind, von ihren Eltern geliebt zu werden, sind auch Eltern ein Stück weit von der Liebe ihrer Kinder abhängig. Sie tun so viel für ihre Kinder und wollen dafür in gewisser Weise auch belohnt werden. Es tut allen Eltern unglaublich gut, wenn sie von ihrem Kind gesagt bekommen, sie seien die liebste Mami, der beste Papi der Welt ...

An diesem Bild, das die Kinder von uns haben, wollen wir ungern etwas kaputtmachen. Und doch ist es unsere Pflicht, auch Dinge auszusprechen oder zu tun, von denen wir schon im Voraus wissen, dass sie unseren Kindern ganz und gar nicht gefallen werden.

Sich auf diese Weise unbeliebt zu machen, davor scheuen sich heute leider viele Eltern. Das soll sich nach einigen wissenschaftlichen Beobachtungen für Jungen ungünstiger auswirken als für Mädchen. Diese Eltern meinen es sehr gut, sie wollen rund um die Uhr ideale Eltern sein, so etwas wie die besten Freunde ihrer Kinder. Beides ist eine Illusion. Wir können unseren Kindern keine Freunde sein (bestenfalls haben wir dann, wenn sie erwachsen sind, ein freundschaftliches Verhältnis zu ihnen), und erst recht nicht gibt es die ideale Elternschaft.

Wir Eltern sind auch „nur" Menschen mit einer Lebensgeschichte, die in aller Regel ein paar Narben hinterlassen hat. Niemand kann über seinen Schatten springen, niemand kann (und sollte) sein Erziehungsprogramm wie eine Gebrauchsweisung herunterspulen.

Wir müssen unseren Söhnen (und Töchtern) Grenzen – auch unsere persönlichen! – deutlich machen und wir dürfen dabei auch mal laut werden. Letzteres sollte natürlich nicht die Regel sein, aber ein immerwährend sanftmütiges Elternwesen fordert geradezu dazu heraus, gegen Grenzen anzurennen. Zudem gibt es auch unter Eltern temperamentvolle, sogar mal aufbrausende Menschen, und es würde Kinder verwirren, wenn diese ihre Wesensart ständig im Zaume hielten.

Mütter und Väter sollten sich klare pädagogische Vorstellungen erarbeiten, die sie idealerweise immer wieder miteinander besprechen und zu gegebenem Anlass neu ausloten. Leider neigen vor allem Mütter dazu, ihr erzieherisches Verhalten ständig auf einem inneren Prüfstand zu sehen. „Bin ich liebevoll genug? Bin ich streng genug? Könnte ich mein Kind durch diese oder jene Konsequenz einengen oder gar verletzen?" So entsteht oft ein Hin- und Herpendeln zwischen Laissez-faire und straffen Regeln. Gelassenheit entsteht so natürlich eher selten, das Kind ist einem Wechselbad ausgeliefert. Orientierung und Geborgenheit kann man aber nur durch einen „roten Faden" im Erziehungsalltag bieten.

Dazu gehören auch tägliche Aufgaben und regelmäßig wiederkehrende Pflichten. Wenn es darum geht, die zu erfüllen, müssen manchmal deutliche Worte fallen. Man braucht den Mut und die Nerven, Genöle, Trotz und eventuell Gebrüll und fliegende Türen zu ertragen. Wie mir viele Mütter berichtet haben, übrigens auch bei Mädchen! Freiwillig tun die wenigsten Kinder Dinge, die lästig und langweilig sind.

Um sich mit öder Pflichterfüllung leichter zu tun, brauchen Kinder Eltern, die den Alltag klar und nüchtern (wenn auch nicht ohne Humor) anpacken und nicht dulden, dass sich die Kinder wie Maden im Speck benehmen. Ich weiß aus eigener Erfahrung, wie viel Selbstdisziplin (der Eltern!) – und manchmal ein dickes Fell! – das erfordert. Man muss selbst „gut organisiert" sein, wenn man Kinder hat. Kinder fordern uns nämlich auch in dieser Hinsicht heraus und dies im positiven Sinn: Im Zusammenleben mit Kindern kann man sich einfach nicht gehen lassen, wie man das vielleicht ab und zu täte, wenn sie nicht da wären. Mütter und Väter können es sich beispielsweise nicht erlauben, am Sonntag im Bett oder zumindest im Schlafanzug zu bleiben, sich den ganzen Tag von Butterbrot oder Pizza zu ernähren und dem Abend vor dem Fernseher entgegenzudämmern – wenn sie das von ihren Kindern auch nicht möchten.

Es dürfte niemanden überraschen: Kinder, die klare Aufträge und Grenzen haben, sind sehr viel ausgeglichener als die, die alles dürfen. Sie erholen sich auch nach einem reinigenden Gewitter schneller wieder. Diese Kinder haben einen sicheren Halt und spüren genau, dass sie ihren Eltern wichtig sind, denn andernfalls würden die sich keine solche Mühe machen, unermüdlich auf die Einhaltung der vereinbarten Regeln zu achten und im Diskussionsfall auch mal als „Kratzbaum" zu dienen.

Mütter können Väter nicht ersetzen

Allein erziehend zu sein ist hart genug; da mag man nicht auch noch hören, dass dem Kind ein Elternteil fehlt und dass man das fehlende Elternteil nicht ersetzen kann. Doch eine Mutter kann nun mal nicht Mann und Frau verkörpern, genauso wenig wie ein Vater beide Geschlechter repräsentieren kann. Dennoch scheinen manche Frauen von vornherein („Kind ja, Mann nein!") den Anspruch zu haben, dazu in der Lage zu sein. Einige sind der Überzeugung, dass Väter überflüssig sind, weil meistens ohnehin nicht anwesend.

Ohne Frage ist es schmerzlich, wenn sich der Vater wenig um die Kinder kümmert. Trotzdem sollte der Vater nach Möglichkeit nie ganz aus der Welt des Kindes ausscheiden. Die Gefahr, dass sich eine Mutter zu sehr auf ihre Kinder – und besonders auf die Söhne – konzentriert (eventuell auch konzentrieren muss), ist groß.

Einige Sozialwissenschaftler sind der provozierenden Auffassung, Frauen beuteten ihre Söhne aus und verursachten damit die Verachtung, die manche erwachsenen Männer Frauen entgegenbringen. Immerhin wird in diesen soziologischen Thesen den Frauen zugestanden, dass auch sie Opfer sind, da ihnen meist die alleinige Verantwortung für die Erziehung überlassen werde. Verkürzt ausgedrückt: Jungen sehen sich – ohne irgendeinen Ausgleich – der Fuchtel einer Frau ausgeliefert und müssen dagegen aufbegehren, um sich ins Erwachsenenleben zu befreien. Um nicht in Versuchung zu geraten, wieder von einer weiblichen Figur abhängig zu werden, gerät das Psycho-Instrument „Verachtung" zum womöglich lebenslangen Schutz.

In der Tat birgt eine ausschließliche Mutter-Sohn-Beziehung gewisse Fallstricke. Wenn der Junge kaum Kontakt zum Vater oder zu anderen Männern hat, gerät auch eine Mutter in Erklärungsnot und Schwierigkeiten. Sie kann nicht diejenige sein, die allein dem Sohn etwas vom modernen oder „neuen" Mann erzählt und vermittelt, wenn der Vater nicht mit der Familie lebt oder den ganzen Tag im Büro schuftet und sich am Abend nur ein paar Minuten Zeit für seine Kinder nimmt bzw. so spät nach Hause kommt, dass er seinen Nachwuchs nicht mehr wach erlebt.

Viele Mütter bemühen sich mit aller Kraft, ihren Söhnen einen konstruktiven Umgang mit Emotionen und Konflikten beizubringen. Diese Bemühungen werden torpediert, wenn sich der Vater teilnahmslos und verschlossen gibt. Erst recht kann niemand ein neues Männerbild vermitteln, wenn es rundum noch von traditionell geführten Männerleben nur so wimmelt und wenn auch die Medien Männer noch immer vorwiegend als „Macher" präsentieren. Ganz hoffnungslos wird die Situation, wenn der Sohn in seiner Umgebung viele Frauen erlebt, die das alte Rollendenken ihres Mannes unterstützen. Dann ist eine Mutter, die fortschrittlich sein möchte, gänzlich auf verlorenem Posten.

Den Vater zu ersetzen versuchen auch manche Mütter in „vollzähligen" Familien, in denen der Vater in zeitlicher Hinsicht ausreichend präsent ist. Hier läuft das natürlich viel subtiler. Diesen Müttern fällt es schwer, ihrem Partner das Kind voll und ganz zu überlassen, und sei es mal für einen Tag. Sie wollen zwar eine gleichberechtigte Partnerschaft, doch können sie nicht umhin, sich als das bessere, gewissenhaftere Elternteil zu sehen (natürlich stimmt das auch manchmal!). Ihre eigentliche Befürchtung scheint zu sein, dass der väterliche Einfluss ihnen die Liebe ihres Kindes streitig macht. Mütter, die spüren, dass sie regelrechte Verlustängste bekommen, wenn der Vater in gewissen Bereichen bei den Kindern besser ankommt als sie, sollten in sich nachforschen, welchen Stellenwert sie dem Vater eigentlich einräumen. Wenigstens ihrem Sohn zuliebe.

Mutters Männerbild – manchmal kein gutes Omen

Keinem Jungen ist es gleichgültig, wie seine Mutter über den Vater und überhaupt über Männer denkt. Auch wenn sich seine Mutter mit negativen Bemerkungen zurückhält, wird ein Sohn letztlich merken, welches Bild sie von Männern hat. Besonderen Einfluss hat das Männerbild der allein erziehenden Mütter, da es hier oft keinen realen Mann „zum Anfassen" gibt, an dem der Sohn ein Stück bestätigt – oder widerlegt – sieht, was die Mutter äußert oder erzählt.

Manche Frauen, die von Männern enttäuscht sind, neigen dazu, ihren Sohn (eher unbewusst) zum Heilsbringer hochzustilisieren. Sie heben ihn auf ein Podest und wachen mit Argusaugen darauf, dass er sich nach ihren Vorstellungen vom idealen neuen Mann entwickelt – dies selbstverständlich in der festen Überzeugung, auf diese Weise einen glücklichen Mann aus ihm zu machen. Das muss den Jungen überfordern! Auf der einen Seite hören sie die Botschaft „Männer sind gefühllos/überflüssig/herzlos" und Ähnliches, und auf der anderen Seite spüren sie den Anspruch „du wirst das mal alles besser machen!"

Über derartige Gedanken müssen Mütter nicht ein einziges Wort verlieren. Elterliche Botschaften an ihre Kinder müssen nicht ausgesprochen werden – ein Phänomen, dessen Tragweite auch im Einzelfall kaum abschätzbar ist. Das Selbstbild jedes Kindes wird entscheidend davon geprägt, was der mütterliche und väterliche Blick ihm spiegelt. Strahlen die Augen vor Stolz und Anerkennung, fühlt sich das Kind wertvoll und wichtig in dieser Welt. Ist da immer wieder so ein Zweifel oder eine Befürchtung („Wird er so ein Mann, wie ich ihn mir wünsche?!") im Blick, kommt Unsicherheit auf. Das

Kind spürt, dass etwas an ihm offenbar nicht in Ordnung ist, dass es den Ansprüchen der Eltern/des Elternteils nicht genügt, doch was genau ihm fehlt, bleibt im Dunkeln. So wächst in ihm möglicherweise ein ganz allgemeines „Ich-bin-ungenügend"-Gefühl – ein Minderwertigkeitsgefühl also.

Manche Mütter bekommen aber auch mit der Geburt eines Sohnes die Chance, ihr eher negatives Männerbild zu korrigieren. Diese Chance besteht insbesondere dann, wenn die Frau ihren Sohn unvoreingenommen – also ohne ein festes Bild, wie er mal werden soll – beobachtet, sich in ihn einfühlt und groß werden lässt. Mit ziemlicher Sicherheit wird ihr dabei deutlich, welche empfindsame Seele da aufwächst und welche Tragödie es eigentlich ist, dass viele Männer später „cool" sein und den „harten Mann" spielen (müssen).

Der kleine Prinz

Alle Eltern haben „das schönste, liebste, beste Kind der Welt". Es ist nur natürlich und sogar in gewissem Maß wünschenswert (und für die seelische Gesundheit eines Kindes entscheidend), dass Väter und Mütter ihre Kinder einfach toll finden. Bei manchen Söhne-Müttern (und bei Vätern hinsichtlich ihrer Töchter) spielen jedoch Gefühle eine Rolle, die nicht in eine Mutter-Kind-Beziehung gehören.

Ihr Sohn hat sich zu keinem Zeitpunkt etwas „Frauenfeindliches" zu Schulden kommen lassen und ist überhaupt ein rundum gelungenes männliches Wesen, das seiner Mutter nicht so viel Ärger macht wie so mancher Mann (vor allem der eigene ...!). Söhne fühlen sich geschmeichelt, wenn eine Mutter in ihnen einen Vertrauten sieht oder den „Mann im Haus" (der Sohn darf dann im Ehebett schlafen, wenn der Vater auf Geschäftsreise ist). Und Söhne fühlen sich stark und mächtig, wenn sie merken, dass sie eine eher deprimierte oder frustrierte Mutter mit ihren Einfällen aufheitern können.

Diese Schieflage in der Mutter-Sohn-Beziehung kann man schlecht erkennen, denn eigentlich läuft ja alles prima. Der verhängnisvolle Mechanismus dahinter: Kinder übernehmen unaufgefordert, also scheinbar freiwillig bestimmte Rollen und Aufgaben, um ihren Eltern Freude zu machen, sie zu trösten oder sie zu erheitern. Denn sie wollen ihre Eltern glücklich sehen, um selbst glücklich sein zu können. Doch diese Rolle als Partnerersatz oder Stimmungsaufheller kann ihrer Kinderseele einen ziemlichen Schaden zufügen: Sie dürfen nicht richtig Kind sein, sie müssen unvorstellbare Energien aufwenden, um elterliche Bedürfnisse zu befriedigen.

Eine emotional bedürftige Mutter neigt – natürlich auch wieder unbewusst – dazu, ihren Sohn zum Prinzen zu erheben (und zwar zu dem Prinzen, der eines Tages auf einem Schimmel dahergeritten kommt ... na, Sie wissen schon!). Nicht selten entsteht eine Mutter-Sohn-Symbiose bis ins Erwachsenenalter. Der kleine Junge vermochte sich der Ansprüche der Mutter nicht zu erwehren, später hat sich der Mechanismus verfestigt, und der äußerlich zum Mann gewordene Junge will seine Mutter nicht verletzen – und bleibt bis zu ihrem Tod „ihr Junge".

Eine Loslösung (wenn sie denn überhaupt noch stattfindet) kann fast nur über ziemlich wüste und aggressive Szenen laufen (die Mutter kann gar nichts mehr recht machen, bekommt nur noch pampige Antworten und wird entweder beschimpft oder ignoriert). Für die Mutter oft eine seelische Katastrophe, denn sie hat doch wirklich alles für den Jungen getan! Eine Annäherung zwischen Mutter und Sohn kann in solchen Fällen manchmal nur noch mit therapeutischer Hilfe erreicht werden.

Wie kann man solche Katastrophen – „erst Prinz, dann beziehungsgehemmter Nesthocker oder gehässiger Grobian" – verhindern? Ein ganz entscheidender Punkt: Eine Mutter muss ein eigenes Leben haben! Das klingt banal, aber es ist immer wieder zu beobachten, dass (auch berufstätige) Mütter sich gänzlich nach den Bedürfnissen ihrer Familie richten und ihr eigenes Leben auf den Zeitpunkt verschieben, wenn die Kinder aus dem Haus sind. Das ist gut gemeint, ist aber (auch) für die Kinder von Nachteil. Die spüren ja, dass sie über all die Jahre der wesentliche Lebensinhalt ihrer Mutter sind; das macht ihnen Schuldgefühle und erschwert ihre Ablösung ganz immens.

Auch wenn eine Frau unter einer unerfüllten Ehe oder Partnerschaft leidet, darf sie sich unter keinen Umständen mit dem Sohn verbünden oder bei ihm Trost suchen. Mir ist klar, dass sich das leicht dahersagt. Ein FreundInnenkreis, neue Freizeitbeschäftigungen oder eine Weiterbildung sollten die Zeit überbrücken, bis eine Entscheidung gefunden ist, wie es mit der Partnerschaft weitergehen soll. Manchmal kann nur die Trennung eine Lösung sein, und die sollte man dann nicht aufschieben. Man muss auch als Mutter an sein eigenes Lebensglück denken, das nicht von dem der Kinder abhängen darf.

Wie umgehen mit Respektlosigkeiten in der Pubertät?
Eigentlich sollte man allen Eltern raten, sich zu freuen, wenn ihre pubertierenden Kinder *gelegentlich* Respektlosigkeiten loslassen. Es zeigt, dass die Jugend-

lichen auf dem richtigen Weg zur Ablösung sind. Kinder stellen nun mal im Verlauf der Pubertät ihre Eltern in Frage, ja, sie müssen das tun. Für beide Seiten ist das schmerzlich, denn es geht um einen einzigartigen Abschied: Das Kind von einst macht sich auf den Weg ins Erwachsenenleben, in sein eigenes Leben – die wundervolle, gemeinsame Zeit als Familie geht unwiderruflich zu Ende.

Jugendliche können ganz schön rau mit ihren Eltern verfahren, und es gibt bei fast allen Müttern – und das weiß ich auch aus eigener Erfahrung – immer wieder mal Tränen. Man kann sich manchmal mit diesen Gedanken trösten: Erwachsene, die nie mit ihren Eltern gekämpft haben, bleiben meist emotional auf einer kindlichen Ebene stehen. Das kann sich zum Beispiel dadurch äußern, dass sie sich in ihrer Partnerschaft so verhalten, als lebten sie mit einer zweiten Mutter/einem zweiten Vater zusammen, also Riesenerwartungen an den anderen stellen, was Geführt- und Beschütztwerden angeht. Es kann sich auch dadurch äußern, dass sich diese Menschen zeitlebens selbst eine Last sind, weil sie sich immer als arme, einsame Opfer fühlen und gar nicht sehen, dass sie eine Verantwortung für ihr Leben zu übernehmen haben.

Wenn ein heranwachsender Sohn seiner Mutter etwas „an den Kopf wirft", dann hat dies besondere Qualitäten. Frauen sind oft empfindlicher gegenüber solchen verbalen Attacken, manche denken in diesen Augenblicken spontan an die so glückliche Baby- und Kleinkindzeit zurück – und jetzt müssen sie sich von diesem Flegel so demütigen lassen!

Es gibt zwei wichtige Ratschläge, die man für diese Situation geben kann:

- Versuchen Sie, Haltung zu bewahren, ohne Gefühle zu verleugnen. Das heißt: Wenn Ihnen zum Weinen ist, lassen Sie die Tränen laufen, ziehen sich eventuell für eine Zeit zurück, kündigen aber an, dass über den Vorfall noch geredet werden muss. Schreien Sie nicht, sondern versuchen Sie, so souverän wie möglich zu bleiben. Sagen Sie sich: Ich bin die Mutter dieses jungen Mannes, und ich werde ihm beibringen, dass er nicht so mit mir umgehen kann.
- Wenn der Vater die Szene nicht miterlebt hat, schalten Sie ihn auch nicht ein. Natürlich können Sie ihm von dem Vorfall erzählen, aber er sollte sich raushalten. Ihr Sohn könnte das Gefühl haben, Mama wollte petzen und ist nicht allein in der Lage, den Sohn Mores zu lehren. Hat der Vater die Szene miterlebt, wäre es wünschenswert, wenn er sein Missfallen äußerte, jedoch auch ohne zu schreien oder Strafen zu verhängen. Ein kühler, bestimmter Ton, klare Worte und ein ernster Blick wirken mehr als Dezibel und Drohungen.

Wenn Mütter zu viel helfen

Muttersein ist eine Gratwanderung. „Was kann mein Kind wann allein, in welchen Situationen kann ich es sich selbst überlassen, und was ist, wenn ich mein Kind dann doch vernachlässigt habe?" So oder ähnlich sieht es in mancher Mutter aus, die zwischen dem heute so vielen Müttern eingeimpften Anspruch, eine Idealmutter zu sein, und ihren eigenen Bedürfnissen hin- und hertaumelt.

Manche neigen dann dazu, lieber immer da zu sein, dem Kind zu helfen, ja ihm alles abzunehmen, was es vielleicht belasten könnte – und werden damit zur Belastung für das Kind. Natürlich meist erst in der Pubertät, denn bis dahin genießen Kinder gerne eine bequeme und von Pflichten und Lasten unbeschwerte Kindheit. Aber dann, wenn sie sich auf eigene Füße stellen wollen, knicken sie immer wieder ein, weil sie nicht gelernt haben, für ihre Wünsche auch die Initiative zu ergreifen.

Mütterliche Aufopferung bekommt also keinem Kind besonders gut. Man kann sogar annehmen, dass dieses eigentlich traurige Schauspiel für Jungen ein Grund mehr ist, alles Weibliche in sich zu bekämpfen – nicht werden zu wollen wie eine Frau, nämlich, wie eine Besprechung des Romans „Frau Sartoris" von Elke Schmitter es zusammenfasst: „... eingesperrt zwischen Kindererziehung, Einkaufen, Mahlzeiten auf den Tisch stellen ...". Eine Mutter, die sich aufopfert, vermittelt einem Kind (selbstverständlich ohne es zu wollen) ihre innere Unfreiheit, ihre Ängste und ihre Einsamkeit.

Unsichere, ängstliche und innerlich einsame Mütter neigen dazu, ihre Kinder überzubehüten und nicht loszulassen. Das ist für Söhne und Töchter gleichermaßen ungünstig, wirkt sich aber für Jungen noch anders aus. Wenn kleine Jungen ebenfalls unsicher und ängstlich reagieren – Kinder übernehmen meist die Ängste ihrer Eltern – dann ist das für Jungen weitaus schwerer zu bewältigen als für Mädchen: Weil ihnen noch immer von ihrer Umgebung signalisiert wird, dass sie keine Angst haben dürfen.

Nicht immer übertragen aber unsichere Mütter ihre Ängste auf die Kinder. Es kann auch etwas ganz Merkwürdiges passieren: Die Mütter übernehmen alle kindlichen Ängste und nehmen dadurch einem Jungen jedes Angstgefühl. Das ist nicht nur gefährlich, denn Angst schützt ja auch vor Gefahren. Alle unangenehmen Gefühle vom Kind fernzuhalten, ist ein Beitrag zur Verwöhnung. Und Verwöhnung heißt, das Kind am Selbstständigwerden zu hindern, ihm nicht zu erlauben, durch eigene Erfahrungen Lebenstüchtigkeit zu erlangen.

Das Bedürfnis, sich für ihre Kinder aufzuopfern, bringt mit Sicherheit keine Frau einfach so mit auf die Welt. Sie wird gefördert durch die heutige Glorifizierung der Mutterschaft. In den Medien sind nur fröhliche, fürsorgliche Mütter zu sehen, die ihren Kindern jeden Wunsch von den Augen ablesen. Die sattsam bekannten Schuldzuweisungen an die Mütter, die immer dann laut werden, wenn ein Kind nicht so „funktioniert" wie es erwartet wird, tun ein Übriges. So ist es kein Wunder, dass auch Mütter zur Aufopferung neigen, die im Grunde ihres Herzens keine Lust und eigentlich auch gar keine Zeit dafür haben.

Um von diesem Gluckensyndrom wegzukommen, muss eine Frau sich vor allem von dem Gefühl der Unentbehrlichkeit befreien. Das ist kein leichtes Unterfangen, denn Frauen fühlen sich für alles zuständig bzw. sind das dank männlicher Verweigerung oft – und überfordern sich damit chronisch.

Aber Mütter müssen auch den Fehler mal bei sich suchen: Da kaufen manche ihren Viertklässlern noch die Schulsachen ein, chauffieren sie Strecken, die die laufen könnten und kochen für Jugendliche vor, die längst in der Lage wären, sich zumindest ein einfaches Gericht selbst zu machen.

Die Gründe, die Frauen dazu bringen, ihre Verantwortlichkeiten nicht proportional zum Wachstum ihrer Kinder zu reduzieren oder abzugeben, sind vielfältig. Aber ganz sicher haben sie nicht nur damit zu tun, dass sie als Mädchen zum Versorgen erzogen worden sind. Es geht auch um Machtausübung und Kontrolle (oft ist die

Erziehung der einzige Bereich, in dem eine Frau Macht ausüben kann). Diesen Aspekt sollten alle Frauen überdenken – die Söhnemütter eher noch mehr als die Töchtermütter ...

Das mütterliche Helfersyndrom kann man nur ablegen, wenn man bereit ist, sich dem Staunen und Wehklagen von Mann und Kindern auszusetzen, das unverzüglich einsetzt, wenn Mutters Versorgung zu wünschen übrig lässt. Die Züricher Jugendpsychologin Eva Zeltner schreibt dazu in ihrem Buch „Weder Macho noch Muttersöhnchen": „Solange Männer nicht ganz selbstverständlich an Kindererziehung und Hausarbeit sich beteiligen, werden Frauen das Gluckensyndrom nicht verlieren, denn so lange sind sie allein verantwortlich für die elterliche Aufsichtspflicht." Und weiter: „Ältere Söhne, die nach Vätern rufen, wünschen sich denn auch die männliche Art von Zweisamkeit, die nicht unter Kontrolle der Mutter gedeiht. Sie ist eine eigene Qualität der Beziehung, der Nähe und Zärtlichkeit. Kurze Abwesenheiten der Mutter fördern ihre Abnabelung aus zu großer familiärer Nähe und erlauben dem Vater, auf seine Art dem Sohn zu begegnen." Praktisch heißt das: Mütter müssten regelmäßig für ein paar Tage Urlaub von der Familie nehmen, um einerseits zu sich selbst zu finden und andererseits ihre Familienmitglieder unabhängiger und selbstständig werden zu lassen.

Erstaunlicherweise ebnet auch manche fortschrittlich denkende Frau ihrem Sohn mit ihren vorauseilenden Hilfsangeboten den Weg zum Pascha. Manche Mutter, die ganz bewusst auf eine außerhäusliche Berufstätigkeit verzichtet hat, erlässt oft besonders den Söhnen so manche Pflicht, Regel und Eigenverantwortlichkeit. Ganz im Stillen ist da offenbar die Hoffnung, durch ihre Präsenz und Fürsorge eine ganz unverzichtbare Rolle im Leben ihres Sohnes zu spielen.

Mütter, die sich für die Rückkehr in den Beruf entschieden haben, erlassen ihren Söhnen oft nicht weniger als die eben genannten Mütter. Ihr Grund ist: Sie haben Schuldgefühle, dass sie nicht immer für ihren Sohn zur Verfügung stehen. „Verwöhnung ist ein bewährtes Mittel, Söhne an die Mutter zu binden und in traditionell funktionierenden Partnerschaften beinahe die Norm" (Eva Zeltner).

Man wird fast müde, es zu wiederholen: Aus diesem Dilemma gibt es nur ein Entfliehen, wenn nicht mehr nur Mütter allein auch noch für die *emotionale* Versorgung der Familie zuständig sind (und sie diese Rolle mehr oder weniger klaglos hinnehmen).

Sind Jungen zu schade für Hausarbeit?
Allein diese Überschrift wird mancher meiner mit Sicherheit vorwiegend weiblichen LeserInnen die Haare zu Berge treiben. Natürlich sind Jungen nicht zu schade, werden Sie empört sagen. Sie haben Recht, aber Sie werden es vielleicht selbst schon erlebt haben, wie weit Theorie und Praxis auseinander klaffen. Meine Söhne müssen im Haushalt helfen (was sie ungern tun, keine Frage!), und werden dafür hin und wieder bedauert. Und zwar meist von Frauen! Auch mein Mann hat sich schon des Öfteren das Mitleid von Frauen zugezogen, wenn sie ihn bei der Hausarbeit erlebten.
Wie dumm von diesen Frauen! Und wie gedankenlos! Mal abgesehen davon, dass sich Frauen zu schade sein sollten, Männern die ungeliebte Hausarbeit abzunehmen – wie sollen denn die Herren Söhne mal zurechtkommen, wenn sie ihre erste eigene Behausung bezie-

hen? Ich nehme an, dass es schwer sein wird, ein Mädchen zu finden, das so dumm ist, ihnen die Hausarbeit abzunehmen. Dann müssen sie die elementaren Hausarbeiten beherrschen (und anfallende Arbeit überhaupt erst mal sehen!), sonst versinken sie im Chaos, und man muss sich als Mutter/Vater vorwerfen, sie zur Hilflosigkeit erzogen zu haben.

3 ■ Die Sehnsucht nach dem Vater

Steve Biddulph erzählt in seinem Buch „Jungen! Wie sie glücklich heranwachsen" von einem Jungen, der immer wieder schwer krank wurde, sobald sein Vater auf Reisen ging. Da der Vater acht Monate des Jahres beruflich unterwegs war, war dieser Junge auch immer wieder über längere Zeit richtig krank und landete sogar einmal auf der Intensivstation. Man legte dem Vater, einer medizinischen Koryphäe, nahe, diese Lebensweise und sein häufiges Unterwegssein zu überdenken. Der tat es, und von da an war sein Sohn nie wieder krank. Dies mag ein Einzelfall sein, zeigt aber doch, dass ein Kind krank werden kann vor Sehnsucht nach seinem Vater.

Sehnsucht quält auch dann, wenn man das Objekt der Begierde fast täglich vor Augen hat, es aber nicht berühren darf. So ist das manchmal zwischen Kindern und ihren Vätern. Ursachen für Berührungsbarrieren und -ängste gibt es viele, die grundlegende scheint aber wohl zu sein, dass unsere Gesellschaft dem weitgehenden Fehlen des Vaters in der Familie ambivalent gegenüber steht. Einerseits wird darüber viel gejammert, andererseits wird es dann doch als Normalität oder zumindest als Unabänderlichkeit akzeptiert. Männer, die auf eine berufliche Karriere verzichten, um mehr als üblich für ihre Kinder da sein zu können, müssen ein starkes Selbstbewusstsein haben, um unterschwelliges Befremden oder gar Spötteleien zu ertragen. Also landet der Erziehungsauftrag meist wieder bei den Müttern und fesselt sie in ihre Überforderung.

Zu dieser Misere des beruflichen Eingespanntseins kommt noch hinzu, dass manche Väter kein Interesse an ihren Kindern haben (das gibt es! Das sind Männer, die mehr der Frau zuliebe eine Familie haben, damit deren Kinderwunsch gestillt ist ...), dass manche Väter mit ihren Kindern nichts anfangen können, weil auch ihr Vater nichts mit ihnen anfangen konnte, dass manche Väter zu gehemmt sind, um das Kind in sich wieder ein wenig aufleben zu lassen – und dass manche Männer von ihren Frauen davon abgehalten werden, sich wirklich auf ihre Kinder einzulassen.

Doch der Reihe nach! Zunächst und vor allem ist es mir ein großes Anliegen, einmal zu betonen, wie wundervoll manche Väter sind! Ich gehöre noch zu der Generation, deren Väter sich meist streng an die Arbeitsteilung (die Frau macht das Häusliche inklusive Kinder, der Mann schafft das Geld ran) gehalten haben und deshalb ihren Kindern eher wie ein ferner Stern erschienen sind. Zärtlichkeiten dieser Väter waren so selten und kostbar wie Diamanten und Herumalbern mit ihnen war ein Ding der Unmöglichkeit. Da sind heute viele Kinder weit besser dran: Viele Väter können stundenlang spielen und mit ihren Kindern herumtoben. Sie lassen sich anfassen, streicheln, knuddeln und knuffen. Man darf auf ihrem Rücken reiten, ihnen in den Haaren wuscheln und allerhand anderen Schabernack mit ihnen treiben. Dass sich also in dieser Hinsicht doch sehr viel verändert hat, wird leider manchmal in der ganzen „Das-Fehlen-der-Väter"-Diskussion vergessen.

Gleichberechtigung für alle Väter!

Einer Studie des Bremer Instituts für Geschlechter- und Generationenforschung (Leitung: Prof. Gerhard Amendt) zufolge spielt sich in immer mehr „intakten" Familien ein Drama ab: Der Vater ist zwar vorhanden, aber für die Kinder nicht greifbar, weil die Mutter das Sagen hat, während die Väter zu randständigen Figuren geworden sind und damit eine Väterlichkeit kaum möglich ist. Wohlgemerkt: Wir reden hier nicht von den (sicher nicht wenigen Männern), die diese Art von Entmachtung klaglos hinnehmen, ja sogar dankbar dafür zu sein scheinen, dass ihnen das lästige Erziehungsgeschäft abgenommen wird.

Fatale Folge: Die gesellschaftliche Bedeutung des Vaters schwindet noch mehr. Doch ohne Vater sind Kinder unglücklich, wenn dies auch häufig hartnäckig geleugnet und so getan wird, als sei die Mutter die Hauptperson im Leben eines Kindes. Den Begriff „Vatersehnsucht" hört man dementsprechend selten. Aber es tut ein Leben lang weh, wenn man den Vater nicht „berühren" durfte ...

Es gibt das Wort „bemuttern"; der Ausdruck „bevatern" ist ungebräuchlich; das Bevatern wird von der Gesellschaft nicht gefordert, es wird den Männern im Grunde auch nicht zugetraut. Für einen Mann, der ein „neuer" Vater sein möchte, ist dies fast eine Beleidigung. Und es zeigt sich wieder einmal, dass Veränderungen oft gewünscht und gleichzeitig gehemmt werden.

Mütter und Väter haben, allen modernen Konzepten zum Trotz, noch immer nicht dieselbe Bedeutung in der Erziehung. Dazu sagt Professor Amendt vom Bremer Institut für Geschlechter- und Generationenforschung: „Die Ungleichheit der Bedeutungen lässt sich ganz trivial damit begründen, dass trotz der vielgestaltigen Lebensstile, aus denen immer mehr Frauen wählen, ihre Bedeutung für die Erziehung der Kinder fast immer noch die alte ist. Weil der Wandel unter Männern sich mit dem Tempo von Schnecken vollzieht, treffen wir in der Kindererziehung faktisch auf eine unveränderte Vorherrschaft des Weiblichen."

Wir Frauen hätten das auch gern anders. Oder vielleicht nicht? Es klingt ein wenig abenteuerlich und provozierend, aber nach Einschätzung von Professor Amendt sind es die (teilweise unbewussten) Kompensationswünsche der Mütter, die einen Vater an die Wand drücken. Und diese Kompensationswünsche entstünden deshalb, so Amendt, weil Frauen noch immer mit Benachteiligungen im Berufsalltag rechnen müssen und weil sie in aller Regel immer noch den Löwenanteil an der ungeliebten Hausarbeit haben. Gibt es zudem enttäuschende Partnerschaftserfahrungen, schaffen manche Frauen als Ausgleich für den Beziehungsfrust unangemessene Vertrauensverhältnisse zu den Kindern, vor allem zu den Söhnen. Und sie versperren damit den Vätern den Zugang zu ihren Kindern.

Es ist leider nicht zu leugnen, dass es solche Fälle gibt. In manchen Familien liegt die gegenseitige Entwertung der Partner ständig in der Luft. Da wird nicht offen gekämpft, sondern sehr subtil. Wann immer die Frau ihren Partner als unzureichend, kränkend oder abweisend erlebt, wird sich das in ihrer Mimik und Gestik spiegeln. Gerade weil nicht darüber gesprochen wird, entwickelt ein Kind eine unglaubliche Sensitivität für diese „negativen Schwingungen". Weil es die meiste Zeit mit der Mutter zusammen ist, ergreift es stumm Partei für sie. Es versucht, sie zu trösten und zu erheitern und denkt sich alles Mögliche aus, um sie für ihren Kummer zu entschädigen.

Nicht weniger schädlich ist das mütterliche Vorhaben, aus dem Sohn einen besseren Mann zu machen, und zwar einen „Frauenversteher". Der Sohn soll möglichst fühlen wie eine Frau, denn – und das sage ich nicht gern – es gibt Frauen, die der Meinung sind, dass allein Frauen im Besitz der „richtigen" Emotionen sind.

Aus der psychotherapeutischen Praxis weiß Professor Amendt: Auf diese Weise wachsen oft Männer heran, die alles Weibliche abwerten, weil sie Angst davor haben. Und oft tun sich gerade die „Muttersöhne" in der Therapie furchtbar schwer, über die Vergangenheit zu sprechen, in der die Mutter ihnen so nahe gekommen ist. Zu nahe! „Vieles in unserer Kultur weist auf unbewusste wie institutionalisierte Frauenverachtung als Anzeichen misslungener Ablösung und Desidentifikation hin. Dieses Misslingen der Desidentifikation schränkt auch die männliche Glücksfähigkeit sehr ein", so Professor Amendt.

Die Ablösung des Sohnes von der Mutter und seine „Desidentifikation" kann nur über den Weg zum Vater stattfinden. Aber wie kann man dem Sohn helfen, den Weg zum Vater zu finden? Indem das Elternpaar eine möglichst zufriedene und seelisch reife Mann-Frau-Beziehung lebt. Denn eine Familie funktioniert wie ein Mobile: Eine gute Mann-Frau-Beziehung erleichtert dem Sohn die Ablösung von der Mutter, und eine gute Vater-Sohn-Beziehung gewährleistet wiederum eine gute Mutter-Sohn-Beziehung, weil der Sohn nicht zum Zwecke der Ablösung ständige Attacken gegen die Mutter reiten muss, sondern ihr – Traum aller Mütter! – freundschaftlich verbunden bleibt.

Es ist eine (gefährliche) Illusion, wenn Mütter sich über ihre Söhne für ein besseres Geschlechterverhältnis engagieren. Darin liegt etwas Zwanghaftes, womit dem Sohn ein Stück Entwicklungsfreiheit genommen wird.

Ein besseres Verständnis zwischen den Geschlechtern (das sich zweifellos sehr positiv auf die Entwicklung der Söhne auswirkt) muss auf der Paarebene stattfinden. Dazu müssten, so rät Professor Amendt, Frauen aufhören, das Verhalten ihrer Männer als Desinteresse, als Verweigerung oder als Unterdrückung der weiblichen Lebensperspektive zu sehen. Sie sollten so viel Gelassenheit und Distanz aufbringen, um darin ein Problem des Mannes und Vaters zu erkennen. „Dann wird er reden können", prophezeit Gerhard Amendt, übrigens ehemaliger Vorsitzender von Pro Familia – auch über seine Gefühle, auch über die Beziehung. „Wenn ein Mann den Eindruck hat, es wird von ihm erwartet, dass er redet – dann ist es schon vorbei! Wenn er dagegen das Gefühl hat, die Frau lässt ihm eine Chance, dann wird er gelassener rangehen können!"

Superfrau, Supermutter? Weg mit dieser Last!

Damit auch wir Frauen gelassener werden können, müssen wir aufhören, uns immer wieder Schuhe anziehen zu wollen, die ein paar Nummern zu groß sind. Glauben Sie denn wirklich alles, was die Hera Linds unserer Tage uns auftischen? Haben Sie deren Alltag und deren Glücksgefühle mal wirklich überprüfen können?

Mit der Idealisierung der Mütterlichkeit und mit dem Festhalten am weiblichen Perfektionswahn fügen wir uns ständig Schaden zu. Mit dem Gefühl, den eigenen

Vorgaben dauernd hoffnungslos hinterherzuhechten, kann man ja nicht glücklich werden! Unser Credo müsste heißen: Ich pfeif' auf diese Idealisierung, zur Übermutter bin ich nicht geboren, und mein Lebenssinn liegt auch nicht darin, alles permanent auf Hochglanz zu bringen. Ich bin nicht länger bereit, mich dieser Überforderung zu unterwerfen, mich in dieses Korsett hineinzupferchen. Von nun an verhalte ich mich wohlwollend distanziert und neugierig beobachtend. „Es braucht ein neues Selbstbewusstsein der Frauen, frei von Gefühlen wie Rache oder Erniedrigung, um in der Bockbeinigkeit der Väter eine kindliche Geste zu sehen", sagt Professor Amendt dazu.

„Kindische Väter"
... so überschreibt Steve Biddulph ein Kapitel in seinem Buch „Jungen! Wie sie glücklich heranwachsen". Und darin heißt es: „Es mag sich seltsam anhören, aber es gibt eine erstaunliche Anzahl von Männern, die sich in der eigenen Familie nicht wie Erwachsene verhalten. Wie hart sie auch beruflich arbeiten mögen und wieviel Achtung ihnen auch in der großen weiten Welt entgegengebracht werden mag, sobald sie abends daheim eintreffen, verwandeln sich diese Männer in Kinder. Was für eine Zumutung für ihre Partnerin! Ob ein Vater ein Kind ist, erweist sich vor allem dann, wenn es darum geht, den Kindern Disziplin beizubringen."
Ein kindischer Vater, so auch meine Beobachtung, ist für das Spielerische da (was auf keinen Fall unwichtig ist), aber eigentlich nicht für das, was man als Erziehung bezeichnet. Er kann ungerührt Zeitung lesen, am Computer spielen oder fernsehen, während die Kinder im Schlafanzug durchs Wohnzimmer toben,

obwohl sie längst im Bett sein müssten. Da muss erst die Mutter kommen und daran erinnern, dass Schlafenszeit ist. Ob die Kinder zum Beispiel Hausaufgaben gemacht, Hände gewaschen oder Zähne geputzt haben – nicht Vaters Thema. Er verdient das Geld, das reicht. Erziehung passt nicht zu seinem Gemüt. Und dies nicht, weil er den alten Rollenmustern so verhaftet ist, sondern weil er in seiner Partnerin die Übermutter sieht. Nach seiner Vorstellung hält sie das Zepter in der Hand und ist auch bis zum Sanktnimmerleinstag belastbar.

Es gibt einige wenige starke Frauen, die mit so einem Mann als Vater gut leben können. Sie sind in der Lage, das zu kompensieren, wozu sich ihr Mann nicht durchringen mag. Doch in vielen Fällen scheitert die Beziehung an dem unreifen Verhalten des Mannes und daran, dass die Frau unter der Last, die ihr durch das Wegsehen des Mannes aufgebürdet wird, schier zusammenbricht. Im Übrigen ist so eine Ungleichverteilung der Persönlichkeitsstärken der Elternteile für kein Kind gut zu verkraften. Kinder haben am liebsten Eltern, die sich ergänzen, aber nicht solche, bei denen ein Elternteil derartige Defizite des anderen ausgleichen muss.

Frauen können loslassen lernen und ihr Leben nach ihren Vorstellungen gestalten – weit weg vom Muttergedanken. Immer mehr Frauen schaffen es, nicht ihr ganzes Leben mütterlich auszurichten und ihre Sexualität nicht auf Kühlschrankniveau (weil ja die Kinder wichtiger sind!) herunterzufahren.

Vielen anderen, denen das nicht gelingt, geht es über die Jahre zunehmend schlechter. Sie fühlen sich müde, lustlos, depressiv. Was sie am Leben hält: Ihre Kinder brauchen sie! Sie überschütten Söhne und Töchter mit Zärtlichkeit und Liebe – das schafft Selbstwertgefühle, weil das gesellschaftlich gefordert und anerkannt wird.

Es ist leider noch immer so: Das Selbstwertgefühl von Frauen ist – Emanzipation hin oder her – nach wie vor sehr eng daran gekoppelt, wie gut sie als Mütter funktionieren. Und das macht sie – noch ein provozierender Gedanke – anfällig für den Machtkampf nach dem Motto „Wer ist der bessere Elternteil?" Das läuft ganz subtil, zum Beispiel so: Der Vater hat den Kindern das Frühstück bereitet, die Mutter kommt hinzu und riecht an der Milch, ob sie noch frisch ist. Eine harmlose Geste, und doch spricht sie Bände: Die Mutter traut dem Vater nicht zu, dass er das Frühstück so perfekt „auf die Reihe" kriegt wie sie. Den Kindern entgehen diese Details natürlich auch nicht ...

Dabei haben solche Mütter keineswegs vor, ihre Männer zu demütigen. Sie sind einfach nur unsicher. Und sie haben Angst, als Mutter in Frage gestellt zu werden.

In manchen Familien muss die Frau allerdings eine solche „korrigierende" Rolle übernehmen: Immerhin sehen nicht wenige Männer seelenruhig dabei zu, wie sich ihre Frauen abstrampeln, sie setzen sich nicht mit ihr auseinander und haben anscheinend gar kein Interesse daran, ihrer Väterlichkeit Ausdruck zu verleihen. „Das Problem ist, dass die allermeisten Männer keinen emotionalen Zugang zu ihrer Beziehung zum eigenen Vater haben", so Professor Amendt. „Und das ist seit Generationen so. Weil die Väter über emotionale Dinge nicht mit ihren Söhnen reden. Männer erscheinen leistungs- und entscheidungsfähig, aber innerlich sind sie unsicher und blockiert und haben Angst, durch den innigen Kontakt zu ihren Kindern an ihre eigene Hilflosigkeit und Abhängigkeit in Kindertagen erinnert zu werden."

Männer wollen gute Väter sein, doch das können manche erst, nachdem sie „barfuß durch die Hölle gegangen sind", sprich: sich ihrer eigenen schmerzlichen Vatersehnsucht bewusst geworden sind. „Es ist diese anstrengende Selbsterfahrung, die den Weg zur eigenen Väterlichkeit erst eröffnet", schreibt Professor Amendt in seinem Buch „Vatersehnsucht. Annäherung in elf Essays". „Wer sich als Mann mit dem wegsehenden Vater nicht auseinander gesetzt hat, wird der Väterlichkeit, nach der sich seine eigenen Kinder sehnen, im Wege stehen. Väterlichkeit kann nur der haben, der vor dem eigenen Vater nicht davongerannt ist."

Väterlichkeit brauchen Jungen ebenso wie Mütterlichkeit (das trifft natürlich auch für Mädchen zu, hat bei ihnen aber eine etwas andere Bedeutung). In der Mutter können sich Jungen nun mal nicht spiegeln, sie brauchen den Vater. Nur er bzw. eine dem Kind emotional sehr nahe stehende männliche Person könnte ihnen immer wieder – im besten Sinn! – den Spiegel hinhalten. „Aufgrund des fehlenden Selbstbezugs der Väter, aber auch wegen ihrer – räumlichen oder zumindest mentalen – Abwesenheit haben die Jungen dazu kaum die Möglichkeit. Wenn die Söhne dann dank zunehmender Autonomiewünsche von der Mutter wegstreben ... fallen sie ... ins Nichts ...", stellen Lothar Böhnisch und Reinhard Winter in ihrem Buch „Männliche Sozialisation" fest. Dies sei der Grund, so die Autoren, weshalb Männer und Jungen Mühe hätten, sich fallen zu lassen – die Kontrolle aufzugeben.

Wer die Sehnsucht spürt ...

„Gerade Gefühle von großer Leidenschaft finden den Weg ins bewusste Fühlen mitunter nur schwer. Das wird dann der Fall sein, wenn sich der Leidenschaft zugleich große Gefühle der Angst zugesellen, weil die leidenschaftliche Vatersehnsucht fürchtet, ihr Ziel nicht zu finden. Die Sehnsucht nach dem Vater zu verleugnen, wirkt dann wie ein Schutz gegen die gefürchtete Enttäuschung." So wird es in Gerhard Amendts Buch „Vatersehnsucht" zusammengefasst.

Wenn Männer, die mehr über sich wissen wollen oder sich in persönlichen Krisensituationen befinden, den Mut aufbringen, Hilfe in einer Männergruppe zu suchen, ist es für sie nicht selten das erste Mal, dass ihnen von Männern Vertrauen und Offenheit entgegengebracht wird. Und für die allermeisten ist es das erste Mal in ihrem Erwachsenenleben, dass sie zu weinen beginnen, wenn sie erzählen, wie schwierig es war, an den Vater heranzukommen. Sie leiden mit dem kleinen Jungen in ihnen, der nicht genug von seinem Vater bekommen hat, der vielleicht von ihm ignoriert oder gar gedemütigt worden ist. Diesen kleinen Jungen in sich leben zu lassen, ihn in die Identität des nun erwachsenen Mannes zu integrieren und auch mütterliche Anteile wie Einfühlung und Fürsorglichkeit wieder zuzulassen und in die Persönlichkeit aufzunehmen – das schenkt vielen das Gefühl der Ganzheit, des „Heil"-Werdens und des Nicht-länger-Kämpfen-Müssens.

Natürlich ist es niemals so, dass ein Mann in eine Männergruppe oder in eine therapeutische Sitzung kommt, und dann sofort eben skizzierte überwältigende Prozesse mit ihm ablaufen. An solche tiefen, bedeutungsvollen Gefühle kommt man nur sehr schwer, denn sie sind zuallermeist dick mit Ängsten umwoben. Wie ein eiserner Riegel, der den Zugriff auf Gefühle verhindert, wirken dabei vor allem die Ängste, vergebens zu hoffen.

Das ist eine kaum beachtete Tragödie, von der Töchter natürlich ebenso betroffen sind – jedoch auf andere Weise. Hat eine Frau eine unerfüllte Vaterbeziehung gehabt, tut sie sich nicht selten schwer, den väterlichen Umgang ihres Mannes mit den Kindern zu ertragen. Das klingt paradox, macht aber Sinn, wenn man sich vorstellt: Eine Frau, die derartige Entbehrungen gelitten hat, würde äußerst schmerzhaft vorgeführt bekommen, was sie selbst nicht hatte. Wieder geht es also nicht um finstere Vereitelungstaktiken, sondern um seelischen Selbstschutz. Aus dem Wunsch, Schmerz zu vermeiden, wird ein Hemmnis für den Rest der Familie.

Je mehr Väter und Mütter sich ihrer vergeblichen Vatersehnsucht bewusst werden, die schlimmen Folgen eines wie auch immer fehlenden Vaters erkennen und daraus die Konsequenzen ziehen, desto mehr Chancen haben Eltern, den unglückseligen Teufelskreis zu durchbrechen. Vatersehnsucht lässt sich nur dann stillen, wenn Vater und Mutter nicht mehr getrennt und arbeitsteilig für die Kinder da sind. Was nicht bedeutet, dass Mütter und Väter ständig gemeinsam um ihre Brut schwirren müssen. Sie müssen viel mehr miteinander reden, und zwar nicht nur über Organisatorisches, sondern auch über ihre innersten Gedanken und Gefühle, um gemeinsam Verantwortung tragen zu können und Konfliktfähigkeit zu praktizieren.

Väter müssen auch „seelisch anwesend" sein

Die meisten Fachleute interpretieren die väterliche Abwesenheit als Angst vor Verantwortung und familiären Pflichten, worin sie aber wiederum ein Zeichen dafür sehen, dass Männern der Zugang zu den eigenen Gefühlen oft so schwer fällt. Die Flucht vor dem Verantwortungsdruck lässt sich in aller Regel gut tarnen – das Büro, die Arbeit, der Betrieb erfordert des Mannes Anwesenheit. Ein armseliges Lebenskonzept mit möglichst großer sozialer Unverbindlichkeit! Leider offenbar aber für Jungen sehr prägend.

Um es einmal drastisch auszudrücken: Manche Väter haben wirklich – was ihre Kinder angeht – von Tuten und Blasen keine Ahnung. Fragt man sie, ob Sohn oder Tochter gern in den Kindergarten geht, kommt ein verlegenes „Ich denke schon ..." Fragt man sie, ob sie einen ausreichenden Impfschutz haben, wird sofort auf die Mutter der Kinder verwiesen: „Das macht alles meine Frau!" Erkundigt man sich nach Schwimmkurs, Schulfreunden oder Lieblingsessen, muss man auch da mit einem Achselzucken rechnen. Ja, manche Väter haben nicht einmal eine Ahnung davon, wie ihre Kinder in der Schule stehen, obwohl das in vielen Familien oft noch der einzige Bereich ist, um den sich Männer kümmern, besonders wenn die Kinder eine weiterführende Schule besuchen.

Wenn Väter keine Ahnung haben, was ihre Kinder so erleben, was sie beschäftigt und mit wem sie spielen, muss der Sohn/die Tochter das als Desinteresse auslegen. Und es gibt Kinder, die das irgendwann auch aussprechen, nämlich dann, wenn sie ein gewisses Alter erreicht haben, mit etwa zehn oder elf Jahren. Doch dann ist es fast zu spät. So viele ungelebte Möglichkeiten sind verstrichen! Und vielleicht ist dem Sohn die Lust auf Kontakt zum Vater schon vergangen, vielleicht findet er jetzt keinen Draht mehr zu ihm, weil die Vernachlässigung schon tiefe Verletzungen hinterlassen hat.

Mir sind erschreckend viele Väter begegnet (oder Mütter haben mir von ihnen erzählt), die zwar in ihrem Beruf top und durchsetzungsstark sind, zu Hause aber kaum Konturen zeigen, „sich nicht einbringen". Die Hintergründe: Diese Männer haben Angst vor Konflikten, scheuen die Auseinandersetzung mit der Mutter (!) – oder sind einfach zu bequem. Ein vielleicht extremes Beispiel: Ein Vater sagte mir, dass er den Namen, den seine Frau für die gemeinsame Tochter gewünscht hat, nicht schön findet, „aber mir ist das wurscht" (es ist keineswegs so, dass es sich um ein ungewolltes Kind handelt!). Dieser Mann ist Geschäftsführer einer großen Firma, in der ganzen Welt zu Hause, beileibe kein herzloser, tumber Typ, aber in den eigenen vier Wänden viel zu schwach (und vermutlich auch zu bequem), seinen Gedanken und Gefühlen in der Familie Ausdruck zu verschaffen.

Ein anderes Beispiel: Ein Familienvater, im Beruf selbstständig, der unter allen möglichen (vermutlich psychosomatischen) Beschwerden leidet, aber nicht dazu zu bewegen ist, einmal darüber nachzudenken, ob seine Symptome nicht womöglich mit seiner Familiensituation zusammenhängen könnten. Seine Frau macht ihn vor den Ohren des Sohnes (und sogar vor Gästen) lächerlich, und er ist unfähig, sich dagegen zu wehren. Stattdessen vergräbt er sich von Jahr zu Jahr mehr in seine Arbeit, was zu zusätzlichen Spannungen zwischen ihm und seiner Frau führt und was ihm ein Zusammensein mit seinem Sohn kaum ermöglicht.

Als Frau und Mutter fragt man sich manchmal, weshalb diese Männer nicht mehr um ihre Kinder kämpfen? Ob sie gar keine Angst davor haben, später mal mit Bitterkeit feststellen zu müssen: Ich habe mich viel zu wenig um meine Kinder gekümmert, habe mich zu wenig um sie bemüht, habe immer Arbeit vorgeschoben?

Wenn erst mal die Pubertät, das Abschiednehmen von der Kindheit da ist, wollen Jungen (und natürlich auch Mädchen) vor allem Freiräume und das Vertrauen ihrer Eltern, dass sie diese Freiräume auch verantwortungsbewusst nutzen werden. Ein Vater, der wenig am Leben seiner Kinder teilgenommen hat, kann jetzt kaum noch etwas ausrichten. Häufig nehmen Pubertierende einen solchen Vater gar nicht ernst, halten sich nicht im geringsten an die von ihm aufgestellten Regeln, und es kommt zwangsläufig regelmäßig zum Krach.

Die vergrabenen Vatergefühle

„Papa hat alles unter Kontrolle!" ruft Peter Pan im Film „Hook" seinen Kindern zu. Die Kinder sitzen gefangen in einem Netz von Kapitän Hook, werden vor den Augen ihres Vaters in schwindelnde Höhen entführt, und nach menschlichem Ermessen hat Vater Peter rein gar nichts unter Kontrolle. Er macht sich mit seinem Ausruf Mut, sich und seinen Kindern.

Sich und anderen Mut zuzusprechen ist natürlich etwas Schönes. Probleme zu verleugnen lässt sie aber meistens noch schwieriger werden. Männer seien Meister des Verdrängens, sagen viele Frauen – nicht ganz zu Unrecht. Schwierigkeiten zu haben und sie einzugestehen, könnte einen Gesichtsverlust bedeuten. Ärgerlich, wütend, donnernd – das alles darf sein. Aber dem Sohn mit bebender Stimme und zitternden Lippen zu sagen, dass man solche Angst um ihn gehabt hat, als er für Stunden spurlos verschwunden war – tut das ein „richtiger" Mann? Nein, er poltert los, was seinem Sohn wohl einfällt und dass das aber eine saftige Strafe zur Folge haben wird. Dass da nicht nur Wut, sondern auch Sorge und Angst ist, das spürt ein Junge sehr wohl, wenn auch nur unterschwellig. Aber wie soll er das einordnen? Wahrscheinlich so: Ein Mann darf wütend sein, aber nicht – wie die Mutter – vor Angst den Tränen nah.

Damit soll nicht gesagt werden, dass Männer Weinerlichkeit zeigen müssen, wenn sie nicht mehr weiter wissen. Es würde einem Jungen aber sehr helfen, wenn der Vater über seine Gefühle sprechen würde. Wenn er seinem Sohn sagen könnte, wie wichtig er ihm ist, wie lieb er ihn hat, dass er Angst hatte, ihn zu verlieren, dass ihm dieser Verlust sehr, sehr weh tun würde: all das kann und soll ausgesprochen werden.

Was Jungen von ihren Vätern (wissen) wollen

Väter waren über Jahrhunderte für Disziplinierung und Leistungskontrolle zuständig. Söhne und Töchter konnten ihren Vater aus der Distanz verehren, hatten fast immer auch ein bisschen Angst vor ihm. Wir haben nur wenige Zeugnisse darüber, wie sich Heranwachsende gefühlt haben, mit dieser Art Väterlichkeit aufzuwachsen. Möglicherweise verdankt so manches Genie seine Leistungen auch ein wenig der unerbittlichen Erziehung seines Vaters (z. B. Ludwig van Beethoven).

Von väterlicher Strenge und Härte wollen wir heute

nichts mehr wissen, auch wenn es so etwas natürlich nach wie vor gibt. Kinder wollen von beiden Eltern vorbehaltlos und ohne Leistungsnachweis angenommen werden. Und das können heute auch immer mehr Väter erfüllen.

Viele Männer wünschen sich einen Sohn, weil sie ihm ihre Welt zeigen wollen und können. Das ist etwas Wunderbares. Söhne hängen an Papas Lippen, wenn er etwas erklärt, Söhne starren wie gebannt auf Vaters Hände, wenn er Drähte lötet, Holz sägt oder das kaputte Auto klebt. Und Väter können umgekehrt vom Spielzeug ihres Sohnes so fasziniert sein wie ein kleiner Junge. Und – das ist ein ganz wichtiger Punkt – deshalb spielen sie meist auch wesentlich kreativer als Mütter.

Wenn Väter viel Zeit für ihre Kinder haben, dann muss man leider manchmal beobachten, dass sie sie vor allem fördern wollen. Das ist zunächst nichts Verwerfliches, aber nicht selten wird dabei übers Ziel hinausgeschossen („Mein Sohn soll der Beste sein!"). Da soll der Vierjährige ohne Schwimmflügel schwimmen, weil das der gleichaltrige Kindergarten-Kompagnon auch schon kann. Oder der Achtjährige einen Kletterkurs besuchen, damit er bald mit dem Papa in die Berge gehen kann.

Ich habe immer wieder erlebt, wie sich Kinder weinend an ihren fordernden Vater klammerten, weil sie sich den Anforderungen, die er stellte, nicht gewachsen fühlten. Männer wollen stolz sein auf ihre Söhne, und das verübelt ihnen auch niemand. Doch Kindern tut nur der Stolz gut, der sich nicht erst dann einstellt, wenn sie Übermenschliches geleistet haben. Alle Kinder haben bestimmte Begabungen (die oft leider in der schulischen Leistungsbewertung überhaupt keine Rolle spielen), auf die es stolz zu sein gilt.

Deshalb sollten sich Väter mehr als Beobachter betätigen und als Unterstützer. Wann lernt mein Kind laufen und wie fängt es das an? Welches sind seine ersten Worte, wann hat es die erste Melodie singen können? Welches sind seine Lieblingsbücher, welches seine Lieblingsspiele?

Wie wäre es mit einer Vater-Sohn-Reise? Auf den Spuren der Ritter in Südtirol, auf den Fährten von König Artus in Südengland, zur Beobachtung der Wale rund um die Kanaren ... Viele Mütter sind froh, wenn sie mal ein paar Tage für sich allein sein können.

Jungen brauchen ihre Väter auch zum Kämpfen. Sie wollen ringen und raufen. Dieses Balgen ist nicht nur ein Kräftemessen, es ist ein Körperkontakt, der so ganz anders ist als der, den eine Mutter schenken kann. Sie umarmt zärtlich, streichelt und küsst behutsam, knuddelt und fasst ihren Jungen allenfalls dann fester an, wenn sie etwas durchsetzen möchte.

Nicht so beim Vater. Mit einem Vater kann man körperlich rangeln, ohne dass die Lage ernst ist. Söhne stürzen sich mit Begeisterung auf ihre Väter und machen dabei ganz wichtige Erfahrungen: Man darf eine bestimmte Grenze nicht überschreiten, sonst bricht das Spiel zusammen. Diese Grenze ausloten zu lernen – das ist eine Aufgabe, an der alle Jungen lange zu arbeiten haben. Nach Meinung verschiedener Experten ist dieses Grenzen-ausloten-Können ein ganz wichtiges Element im Männerleben. Ob das Testosteron dafür verantwortlich ist, dass Männer im Allgemeinen leichter die Beherrschung verlieren, wenn es um Machtkämpfe geht, mag man glauben oder nicht. Zu wissen, wann es genug ist, macht das Leben bedeutend einfacher.

Besonders Jungen haben häufig keine rechte Vorstellung davon, welche Kräfte in ihnen walten. Ein Beispiel:

Eine Auseinandersetzung zwischen Niko, meinem Ältesten und Mathias, meinem Jüngsten eskalierte derart, dass der Kleine nach oben in sein Zimmer spurtete und sich einschloss, nicht ohne vorher das Poster an der Tür seines Bruders abzureißen. Da raste der Geschädigte außer sich vor Wut die Treppen hoch – und trat seinem kleinen Bruder mit einem einzigen Anlauf die Tür ein! (Ich hatte mal bei anderer Gelegenheit versucht, diese Tür aufzubrechen, nämlich als Mathias sich nach einem Streit im Zimmer eingesperrt hatte und keinen Ton mehr von sich gab. Trotz meiner großen Angst um ihn war ich dieser Tür kräftemäßig nicht gewachsen).

Zurück zur eingetretenen Tür: Ich nahm all meine Fassung zusammen, ging nach oben. So kleinlaut und fassungslos über seine eigene Kraft habe ich meinen großen Sohn wohl nie wieder erlebt! Ich besah mir die Schäden an Tür und Türrahmen und sagte meinem Sohn so ruhig wie möglich, dass er dies auf der Stelle in Ordnung zu bringen habe. Er hat dann – nach dem Vorbild seines Vaters, dem er einmal bei der Reparatur von gesplittertem Holz zugesehen hatte – diese Tür wieder hergerichtet. Natürlich sind deutliche Spuren geblieben, aber sie erinnern an etwas, was nicht ausschließlich negativ war. Mein Sohn hat durch dieses Erlebnis etwas Wesentliches über sich gelernt: Welche enorme Kraft er hat und dass er damit bewusster umgehen muss.

Väter helfen nicht nur dabei, die Kräfte richtig zu dosieren, sie zeigen ihren Söhnen im Idealfall auch, wie man mit einer Frau eine erfüllende Partnerschaft gestaltet. Keinem Jungen ist bewusst, wie sehr ihn das prägen wird, was er da im Elternhaus erlebt. Die Partnerschaft der Eltern ist das Beziehungs-Modell, das ihre Kinder kennen lernen.

Wie sehr das Verhalten des Vaters seiner Partnerin gegenüber den Jungen prägt, möchte ich an zwei Beispielen zeigen: Korbinian, 16, hat in seinem Elternhaus erlebt, dass fast jede Initiative für familiäre Unternehmungen, für die Gestaltung des Heims, für größere Kauf-Entscheidungen, für die Kontaktpflege im Freundeskreis von der Mutter ergriffen wird. Sie hat diese Aufgaben nicht an sich gerissen – sie muss sie erledigen, weil der Vater es einfach nicht tut. Er nimmt am Familienleben wenig teil, bemüht sich auch nicht sonderlich um seine Frau, bringt nie Blumen oder Theaterkarten mit, macht keine Vorschläge für gemeinsame Reisen oder andere Aktivitäten. Als es einmal aus ihr herausbrach, dass ihr dieses Zusammenleben nicht mehr gefällt und sie sich am liebsten nach einem anderen Partner umsehen würde, ist er „ausgeflippt"; er war vollkommen panisch bei dem Gedanken, verlassen zu werden. Nachdem sich die Wogen etwas geglättet hatten, lief der alte Trott einfach weiter.

Nun hat Korbinian eine Freundin: Sie ist ein toughes Mädchen und sagt ihm, wo es langgeht. Wenn sie keine Zeit für ihn hat, weil sie etwas mit ihren Freundinnen unternehmen möchte, sitzt Korbinian traurig zu Hause. Er ist vollkommen auf sie angewiesen. Im Grunde sind beide Jugendlichen zu bedauern: Korbinian macht kaum einen selbstständigen Schritt, und seine Freundin wird sich wohl eines Tages langweilen mit einem solchen Freund. Wenn sie Schluss machen sollte, wird Korbinian in sich zusammenfallen und sich schrecklich hilflos fühlen.

Das andere Beispiel: Gregor hat in seiner Familie gelernt, dass der Vater bedient wird und dass sich die Frau abrackert, um ihren Halbtagsjob zu schaffen und ihre Familie zu versorgen. Der Mann gibt den Macho, läuft mit der Zigarette im Mundwinkel auch auf der Straße herum und fühlt sich unwiderstehlich. Gregor ist elf Jahre alt. Vor einiger Zeit war er mal wieder bei seinem Freund Bastian eingeladen. Als Gregor sich die Zeit damit vertrieb, das Sofa der Gastgeber-Familie als Trampolin zu benutzen, wollte ihn Bastians Mutter zur Ordnung rufen. Da sprach Gregor: „Frauen haben mir gar nichts zu sagen!" Die Reaktion seiner Gastmutter war klar und unmissverständlich: Sie fuhr Gregor nach Hause und bat ihn, erst wieder zu kommen, wenn er seine Einstellung geändert hat. Fast möchte man Gregor bedauern, denn er arme Kerl weiß es nicht besser, ist sich mit Sicherheit keiner Schuld bewusst. Er wird noch einiges lernen müssen, dennoch steht zu befürchten, dass der bereits gelegte Grundstein für eine Frauen verachtende Haltung sein Leben maßgeblich beeinflussen wird.

4 ■ Ritter ohne Furcht

Angst ist kein schönes, aber ein existentielles Gefühl. Wir alle brauchen dieses Warnsignal, um uns rechtzeitig in Sicherheit zu bringen und uns vor drohendem Unheil zu schützen. Wir alle müssen mit Angst umgehen lernen, müssen mit Alltagsängsten leben und sollten destruktiven Ängsten auf den Grund gehen.

Was Menschen besondere Angst macht, das ist individuell sehr verschieden. Für die einen ist es eine Krankheit, für die anderen ein neuer Krieg, für wieder andere der Verlust eines Angehörigen. Unterschiedlich ist aber auch, wie viel Angstäußerung dem männlichen und wie viel dem weiblichen Geschlecht zugestanden wird. Noch immer kann man ein spöttisches oder tadelndes „Du bist doch ein Junge!" hören, wenn ein Junge sich vor dem Nikolaus fürchtet oder sich beim Herannahen einer überlebensgroßen Disney-Figur hinter seiner Mutter versteckt.

Verunsicherung, Angst oder Tränen können schon von sehr kleinen Jungen als Bedrohung ihres Männlichkeitsgefühls erlebt werden. Tadel und Spott, aber auch Blicke und unbewusste Botschaften („Oh Gott, mein Sohn wird doch keine Memme sein!") zeitigen Erfolg. Kaum dem Kleinkindalter entrückt, werden die meisten Söhne von Jahr zu Jahr heldenhafter und hören auf zu weinen. Aber immer die Zähne zusammenzubeißen und die entspannende Wirkung des Sich-Ausweinens nicht mehr für sich in Anspruch nehmen zu dürfen – das kann nur ungünstig sein. Da liegt es fast auf der Hand, dass es unseren Jungs nicht so gut gehen kann, wie sie nach außen tun („Ich bin so cool!").

Vom männlichen Kind wird sehr früh Angstverleugnung erwartet, sagen Experten dazu. Das heißt auch: Jungen werden um ihr Recht gebracht, ihre Angst auszudrücken – auch sogar, sie überhaupt selbst wahrzunehmen! Sie müssen Umwege wählen, um mit ihrer Angst fertig zu werden: Das können Albträume sein, Größenphantasien, das Rollenspiel als Cowboy, Ritter, Superman, Zorro usw. Manchmal helfen auch Zeichnungen, Angst abzuleiten; das sind zum Beispiel solche, bei denen sich die Jungen im Verhältnis zur Umgebung sehr groß oder sehr klein malen.

Die Neigung von Jungen und vor allem jungen Männern, sich als besonders männlich, nämlich angstfrei darzustellen, hat zweifellos auch einen erheblichen Anteil an den hohen Unfallraten bei Männern. Das innere Postulat „Ich darf keine Angst haben!" hindert sie daran, gefährliche Situationen richtig einzuschätzen.

Über Angst reden, aber sie nicht ausreden

Immer wenn Eltern das Gefühl haben, dass ihr Sohn Angst hat, sollten sie versuchen, mit ihm darüber zu sprechen. Nicht selten kann man dem Kind dadurch ein wenig Angst nehmen. Beispiel Gewitter: Es gibt Bücher, mit deren Hilfe man Kindern solche Naturereignisse erläutern und ihnen ein Stück ihrer Angst nehmen kann. Niemals sollte man aber versuchen, die Angst „wegzureden" („Geh zu – ein Junge hat doch da keine Angst!"). Liebevoll ausgesprochen und direkt an das Kind gerichtet „Du brauchst keine Angst zu haben!" hilft so ein Satz durchaus, dass sich das Kind für eine Weile geborgen und beruhigt fühlt, aber man darf nicht erwarten, dass damit die Angst für immer verschwindet.

Man sollte immer wieder ein offenes Ohr haben, wenn ein Kind etwas über seine Angst mitteilen möchte, und man sollte dabei möglichst nie genervt reagieren. Ich weiß aus eigener Erfahrung, dass das nicht immer leicht ist. Einer meiner Söhne konnte mich manchmal während des Autofahrens – und das im dicksten Verkehr – mit ängstlichen Fragen nach dem Stand der Benzinuhr (sobald das Licht aufleuchtete, hatte er Angst, dass wir in wenigen Minuten stehen bleiben) oder auch mit anderen „Was-ist-wenn-Fragen" regelrecht traktieren. Ich habe versucht, mit Engelszungen immer wieder zu wiederholen, dass uns nichts passieren kann, dass auch ich keine Angst habe oder dass ich mir für den Fall des Falles schon eine Lösung ausgedacht habe. Was ich vermieden habe: ihn zum Schweigen zu verdonnern. Sein Redebedürfnis war so deutlich spürbar und hat ihm vielleicht dabei geholfen, mit seinen Ängsten klarzukommen.

Fast überflüssig zu erwähnen: Kaum etwas kränkt mehr, als wegen seiner Ängste ausgelacht zu werden. Jeder Mensch hat seine Vorlieben, seine Abneigungen und seine Ängste, und jeder hat seine Art, damit umzugehen. Manche Kinder brauchen auch mit zwölf Jahren noch ein Stofftier im Bett und auf Reisen. Manche Kinder kann man mit zwölf Jahren noch nicht jeden Film ansehen lassen, der für dieses Alter freigegeben ist (deshalb sollte man Kinder nichts ansehen lassen, worüber man nicht informiert ist; am besten schaut man sich Fernsehsendungen und Spielfilme immer mit an). Manche Kinder übernachten noch nicht gern auswärts, andere haben lange Zeit Angst davor, abends allein zu bleiben.

Ängste verschwinden meist mit den Jahren, und nur selten kann oder muss man da ein bisschen nachhelfen. Manchmal hilft es aber, wenn Kinder immer mal wieder mit ihrem Angstobjekt zusammen kommen. Mein Ältester war als Kleinkind von einem plötzlich loskläffenden Hund so erschreckt worden, dass er von diesem Zeitpunkt an eine geradezu panische Angst vor Hunden hatte. Die ging so weit, dass er sich einmal von meiner Hand losgerissen und fast in ein Auto gelaufen wäre, als uns auf unserer Straßenseite – noch in einiger Entfernung – ein Hund entgegenkam. Als dann enge Freunde ein Hundebaby bekamen, war er dort sehr häufig zu Gast, und je größer dieser Hund wurde, desto kleiner wurde die Hunde-Angst meines Sohnes. Als er zehn Jahre alt war, begann er uns Eltern mit seinem Wunsch nach einem (möglichst wolfsähnlichen!) Hund zu bearbeiten – heute gehört so ein Haustier zur Familie.

Ängste können Sprengkraft haben

Es ist eine inzwischen hinreichend bekannte Psycho-Weisheit: Was unterdrückt wird, bahnt sich oft auf erstaunlichste Weise doch den Weg ans Tageslicht und kann ganz schön explosiv sein. Ängste können gerade bei Jungen als aggressive Attacken daherkommen, aber auch als Depressionen und Schulverweigerung.

Der Psychoanalytiker Fritz Riemann schreibt in seinem Buch „Grundformen der Angst": „Das Annehmen und das Meistern der Angst bedeutet einen Entwicklungsschritt, lässt uns ein Stück reifen. Das Ausweichen vor ihr und vor der Auseinandersetzung mit ihr lässt uns dagegen stagnieren ... schon das Mitteilenkönnen einer

Angst ist eine Erleichterung. Wenn man das aber nie wagt, weil man fürchtet, sich dadurch den anderen auszuliefern oder für verrückt gehalten zu werden, wenn man sich ihnen in seiner ganzen Schwäche und Ungeschütztheit zeigen würde, kann Angst durch Anhäufung über lange Zeit Grade erreichen, die nicht mehr auszuhalten sind ..."

Und dann bleibt manchmal eben nichts anderes als zuzuschlagen, wenn die arme kleine Seele vor Angst bebt. „Vorsorglich" zuzuschlagen. Und wenn das nicht geht, dann muss die Angst durch lärmendes und aufdringliches Verhalten verjagt werden. (Mädchen werden eher still und fangen an zu weinen.)

Jungen haben große Angst davor, Angst zu haben. Weil Angst nicht in ihr Selbstbild integriert werden kann – so drücken das die Experten aus – projizieren Jungen ihre Angst auf andere. Sie haben ein feines Gespür dafür, wann andere Kinder Angst haben und machen sich häufig darüber lustig. Das erspart ihnen, sich mit ihrer eigenen Angst zu befassen.

Umfragen haben immer wieder ergeben, dass Jungen von sich glauben, weniger Angst zu haben als Mädchen. Interessanterweise geben aber auch viele Jungen zu, sie wollten vermeiden, dass man ihnen Angst anmerkt. Spezialisten für Jungensozialisation durchschauen diese Mimikry; sie wissen, dass Jungen vor allem Möglichen Angst haben. Doch das sieht eben niemand, so dass man sich mehr auf ihr aggressives, störendes und sich verweigerndes Verhalten konzentriert – und damit auf ihre Art der Angstabwehr.

Die Angst, kein „richtiger" Mann zu sein

Männlichkeit ist etwas – darauf weisen Soziologen, Sexualpädagogen und Therapeuten immer wieder hin –, was jederzeit in Frage gestellt und quasi „aberkannt" werden kann (Das Attribut „Weiblichkeit" ist dagegen sehr viel stabiler). Auch im Umfeld meiner Söhne kursierte das Schimpfwort „Mädchen!" für Jungen, die sich irgendwelche Schwächen geleistet hatten.

Solche „Schwächen" können zum Beispiel Zeichen der Rührung sein. Tränen in den Augen eines Jungen, weil ihn etwas bewegt? Es ist erstaunlich und erschütternd zugleich, dass es so viele Jungen schaffen, sich in wenigen Jahren jegliche Tränen abzugewöhnen. Da muss es schon knüppeldick kommen, dass man bei größeren Jungen noch Tränen sieht. Selbst bei den rührseligsten Filmen, in denen manche Frauen oder Mädchen Hunderter-Packs an Papier-Taschentüchern verbrauchen, vergießen männliche Jugendliche und Männer keine Träne. Manche Jungen haben sich eine Schutz-Strategie zurechtgelegt, für den Fall, dass doch ein Anflug von Rührung aufkommen will. Sie fangen an zu lachen oder sagen „cool", wenn sie eine Szene nicht ertragen.

So fühlen sie sich sicher, „ganz Mann" geblieben zu sein. Oder anders ausgedrückt: Sie haben „mannhaft" der Bedrohung durch aufwallende Gefühle getrotzt. Schade, denn auf diese Weise verlieren sie Jahr um Jahr mehr Kontakt zu ihren Gefühlen. Die Autoren Dieter Schnack und Rainer Neutzling meinen dazu: „... Jungen machen zu wenige reale Erfahrungen mit dem Vater oder anderen männlichen Bezugspersonen zum Beispiel im Kindergarten oder in der Grundschule, die ihnen in ausreichendem Maß Geschlechtsidentität einflößen. Bei der Ausgestaltung ihrer Männlichkeit sind sie daher besonders auf Phantasien über ihren Vater und nicht zuletzt auf die künstliche Männlichkeit der medialen Abenteuergeschichten angewiesen. Dadurch verkleinert sich der Spielraum der Jungen zur Erprobung von sicherer Männlichkeit erheblich, denn jedes Abweichen von der Norm stellt das mühsam zusammengeklaubte Bild von ‚richtigen' Jungen in Frage."

Waffen gegen die Angst?
Es macht wenig Sinn, einem Jungen den Gebrauch von Spielzeugwaffen zu verbieten. Auch wir wollten unsere Söhne ohne diese Utensilien aufwachsen lassen und haben bei diesem Vorsatz weder mit der Umwelt noch mit der Phantasie der Buben gerechnet ... Allein das Tragen eines Revolvers verlieh einem meiner Söhne eine gewisse Sicherheit in neuen Umgebungen, die er immer zunächst als bedrohlich erlebte. Natürlich hat er nicht gern zugegeben, dass ihm mulmig war, doch Körpersprache und Mimik konnten nicht lügen. Ich habe ihn jedenfalls seinen Revolver in der Anoraktasche mitnehmen lassen – mehr wollte er gar nicht.
Natürlich hat sich dieses Thema eines Tages von selbst erledigt. Seine Liebe zum Revolver hat sich inzwischen in ihr Gegenteil verwandelt. Er wird wohl keinen Dienst an der Waffe tun ...
Für den Umgang mit Spielzeugwaffen sollten klare Regeln gelten. Eine der wichtigsten: Es wird unter keinen Umständen auf Lebewesen gezielt. Außerdem: Filme, in denen Gewalt als „normal" dargestellt wird, sollten Kinder nicht anschauen. Zwar machen solche Filme aus friedfertigen Kindern keine Rambos, aber es ist inzwischen zweifelsfrei erwiesen, dass vor allem Jungen

die dargestellte Gewalt als Nervenkitzel erleben und sich aus solchen Filmen mit der Zeit auch ihre Weltbilder zusammenbasteln.

Die Angst, ein *loser* zu sein

Die meisten Jungen stehen unter einem unglaublichen Leistungsdruck; sie sollen Erster, Bester und Tollster sein und zwar möglichst auf allen Gebieten. Zugeben zu müssen, dass sie etwas nicht können oder dass sie etwas nicht wagen – das bringen sie kaum fertig. Da heißt es dann eher: „Dazu hab' ich keinen Bock!" So bringen sich Jungen um Lernchancen und Erfahrungen.

Der Verlierer zu sein, das tut Jungen wahrscheinlich mehr weh als Mädchen. Eben weil sie gewissermaßen den stillen Auftrag haben, immer zu den Gewinnern zu gehören. Aber auch ihre Freunde sollen keine Verlierer sein, und notfalls setzen sie sich dafür persönlich ein. Dazu möchte ich eine Szene erzählen, die ich zwischen zweien meiner Söhne erlebt habe. Wir waren zum Baden an einem kleinen See, und im Wasser kam es zwischen Tobias, meinem mittleren Sohn, und einem anderen Jungen zu einer Auseinandersetzung. Tobias war damals drei und Niko sechs Jahre alt. Niko saß mindestens fünfzig Meter vom Ufer weg und war in ein Buch vertieft, wurde dann aber auf diese Szene aufmerksam. Er stand auf, blies seinen Brustkorb auf, schritt wie Herkules persönlich in Richtung See und fragte mit drohender, fester Stimme: „Wer tut hier meinem Bruder was?" Der „Feind" ging sofort zum Rückzug über, Tobias entstieg erleichtert dem Wasser.

Es soll nicht unerwähnt bleiben, dass die Beziehung zwischen Niko und Tobias nie ganz einfach war. Niko hackte sehr oft auf Tobias herum, vielleicht weil Tobias ihm in vielen Dingen so ähnlich war, vielleicht auch, weil er einfach ein Konkurrent um die Muttergunst war. Doch ich finde, in dieser Verteidigungsszene zeigte sich etwas, worauf wir bei unseren Jungen stolz sein sollten und was wir ihnen auch sagen sollten: Wenn es hart auf hart geht, stehen sie füreinander ein, da muss nicht erst auf emotionaler Ebene alles geklärt sein. Wie sie in solchen Situationen ihre Angst überwinden, selbst vielleicht Prügel zu beziehen, das wird wohl ewig ein Rätsel bleiben. Doch ich finde, solche „Einmischungen", die ohne Gewalt abgelaufen sind, sollten wir mit opulenter Anerkennung bedenken.

Denn im Grunde haben Jungen Angst vor Gewalt. „Diese Angst gehört zu den Ängsten, die sehr häufig übersehen werden", schreiben auch Rainer Neutzling und Dieter Schnack. „Es scheint kaum der Rede wert zu sein, dass schon der Alltag sehr kleiner Jungen enorm gewalttätig sein kann. Körperliche Gewalt unter Kindern und Jugendlichen trifft besonders Jungen. Sie prügeln sich untereinander mehr und werden auch häufiger von ihren Eltern geschlagen. Von ihnen wird erwartet, dass sie Gewalt und Schmerz aushalten."

Und sie strengen sich redlich an, ihre Angst davor auszuhalten. Jungen dürfen nicht feige sein, dürfen nicht zum Opfer werden, dürfen ihre Angst aber auch nicht ausdrücken. Und vor lauter Angstabwehr herumhampeln, poltern oder provozieren – das dürfen sie auch nicht. So werden sie häufig einfach missverstanden.

Jungen haben aber nicht nur Angst vor Gewalt, sie haben auch Angst vor Kummer und Traurigkeit. Still und nachdenklich sein – das könnte dazu führen, dass beunruhigende Gedanken auftauchen. Wieder ein Grund mehr, gegen die aufkeimende Angst anzulärmen ... Auf diese Weise lernen Jungen aber auch nicht, sich emotional schwierigen Situationen zu stellen und eine Lösung für sie zu suchen. Viele „handhaben" ihre Sorgen als erwachsene Männer noch immer auf diese Weise, nur dass sie nicht unbedingt herumpoltern, sondern Trost und Angstabfuhr in Alkohol, Autorasereien, Zigaretten oder Fernsehkonsum suchen.

Ein Bewusstsein für die Angst entwickeln

In einer Befragung von rund 100 Männern im Rahmen einer Tagung kam heraus, dass die wenigsten in ihrer Pubertät Trost und Unterstützung bekommen haben. Wenn sie denn Geborgenheit im Elternhaus gefunden hatten, dann insbesondere bei der Mutter (!). Aber über ihre Probleme reden – das war meist unmöglich. Besonders belastend war das Gefühl, in der körperlichen Entwicklung zurück zu sein, aber auch die Angst, keine Freundin zu finden. Als schlimm haben viele auch die Einsamkeitsgefühle in Erinnerung. Trotzdem hatte es keiner gewagt, die Altersgenossen einmal auf diese Themen anzusprechen.

Nach der Befragung stellten nun fast alle Männer mit großem Erstaunen fest, dass ihre Geschlechtsgenossen tatsächlich dieselben Schwierigkeiten in der Pubertät erlebt hatten. Und sie mussten feststellen, das sie mit den damaligen Freunden alles Mögliche an „action" hatten, aber jeder seinen seelischen Kummer ganz tief in sich vergraben hatte, um ja nicht als Schwächling oder Jammerlappen zu gelten.

Was können wir Eltern dagegen tun, dass Jungen sich so in ihren Sorgen vergraben, in ihrer Not geradezu vereinsamen? Wir müssen es ja einerseits respektieren, wenn Kinder nicht viel von sich erzählen, aber wir müssen andererseits den Mut haben, Kinderkummer auszuhalten und nicht gleich wegtrösten zu wollen.

Und wir müssen auch zu unserem eigenen Kummer stehen. Das bedeutet, dass man sich auch unterschwelliger Schwierigkeiten (z. B. „Ich bin ein Mensch, der sich schlecht durchsetzen kann; das macht mir immer wieder Probleme!") bewusst ist.

Ein solches Bewusstsein für die eigene Gefühlslage entwickeln Kinder im Elternhaus. Und zwar in erster Linie dadurch, dass Eltern über sich reden und zeigen, wie sie selbst mit ihren Gefühlen umgehen. Das ist eine Aufgabe, die viele Erwachsene nicht leisten können, weil sie es selbst im Elternhaus nicht gelernt haben. Sie spüren zwar innere Spannungen, Unruhe oder Angst, können sie aber nicht deuten und beruhigen sich mit einem für Erwachsene üblichen Beruhigungsmittel: Essen, Rauchen, Alkohol trinken, exzessiv Sport treiben usw.

Wer nicht für den Rest seines Lebens zu solchen Kompensationsstrategien greifen möchte, kann sich ein besseres Selbst-Verständnis durch Bücher, Wochenendseminare oder Therapien zu erarbeiten versuchen. Wenn Eltern es schaffen, Zugang zu den eigenen Ängsten, ihren Gefühlen von Bedrohung, von Überforderung, von Einsamkeit und so weiter zu bekommen, kann das auch ihren Kindern helfen. Wenn ein Vater offen sagen kann, dass er sich elend fühlt, weil er eine Absage auf seine Bewerbung bekommen hat, einen scheußlichen Streit mit den Nachbarn hatte oder von der schweren Erkrankung eines Freundes erfahren hat, versteht der Sohn: Auch der starke Vater, der einen Zentner Holz schleppen, einen LKW fahren und den Dachboden ausbauen kann, ist mal richtig traurig, ohne dass jemand ihn dafür auslacht oder verachtet.

Auch wenn Eltern weinen können, wenn ihnen danach ist, machen Kinder damit eine enorm wichtige Erfahrung.

Kindern den elterlichen Kummer mitzuteilen ist eine Gratwanderung, keine Frage. Eltern haben dabei die schwierige Aufgabe, sich nicht gehen zu lassen in ihren Sorgen, und die Mitteilungen über Probleme richtig zu dosieren. So erzählte mir eine Freundin, dass sie ihren elfjährigen Sohn mit der Nachricht vom Selbstmordversuch eines Verwandten noch schonen wolle, solange sie selbst noch nicht mal ansatzweise mit dieser Schreckensnachricht klarkomme. Doch sie wisse kaum, woher sie die Energie und die Zuversicht nehmen soll, um in den nächsten Tagen eine ausgeglichene Mama zu sein.

So etwas ist ein seelischer Kraftakt ohnegleichen! Aber tragische Ereignisse können auch ein Anlass sein, tiefer als es sonst möglich ist ins Gespräch zu kommen. In ein Gespräch, dass ein Kind vielleicht nie im Leben mehr wird vergessen können.

Man sollte auch dann versuchen zu reden, wenn die Kinder – und das betrifft vorwiegend Söhne – dazu neigen, stumm und scheinbar regungslos alles anzuhören. Man kann sicher sein, dass etwas „hängen" bleiben wird.

5 ■ Einsame Helden

Mädchen dürfen Hand in Hand gehen, sogar Arm in Arm – das sind eben Freundinnen! Selbst wenn sie sich zur Begrüßung und zum Abschied küssen, hegt niemand den Verdacht, sie könnten lesbisch sein.

Da haben es Jungen weitaus schwerer! Zwar dürfen sie sich bis zur Pubertät noch erlauben, einen festen Freund zu haben, mit dem sie spielen, Fahrrad fahren oder zum Schwimmen gehen. Aber Händchen-Halten und Zärtlichkeiten? Besser nicht! Und ein Jugendlicher, der tagaus, tagein mit demselben Freund gesehen wird, macht sich ein bisschen verdächtig. Er muss sich dann wenigstens eine Freundin „anschaffen", damit dieser Verdacht aus der Welt geschafft wird. Noch besser wäre es, wenn er sich auch ab und zu mit anderen Jungs blicken lassen würde – dann ist alles „normal".

Das Ende der Freundschaften

In Männerleben spielen sich häufig Tragödien ab, von denen aber niemand sonderlich Notiz nimmt, weil Männer diesen Vorgang klaglos hinnehmen. Als kleine Jungs haben sie sich im Sandkasten kennen gelernt, sind dann zusammen im Kindergarten und in der Schule gewesen, haben immer zusammen gehalten wie Pech und Schwefel – und eines Tages werden die so sorgsam gesponnenen Fäden zwischen ihnen immer dünner, und nicht selten reißen sie ganz ab.

Unendlich viele Jungenfreundschaften sterben einen leisen Tod. Brauchen erwachsene Männer denn keine Freunde mehr? Nach Einschätzung von Soziologen hat jeder fünfte deutsche Mann – vielleicht sogar jeder dritte – keinen Freund. Man kann das deswegen nicht so genau sagen, weil viele Männer auch den Kumpel als „Freund" bezeichnen, mit dem sie zum Squash, in die Sauna oder mal ein Bier trinken gehen, mit dem sie aber niemals über private Dinge sprechen würden. Es gibt eine Theorie zu diesen oberflächlichen Beziehungen: Da Jugendliche nie wirklich in die Gemeinschaft der Männer aufgenommen worden sind, bleibt ein großes Misstrauen anderen Männern gegenüber bestehen und blockiert so die Entstehung einer Männerfreundschaft.

Wenn jemand behauptet, er käme wunderbar ohne Freunde aus, dann ist er unehrlich. Die positive Energie, die wir zum Leben brauchen, beziehen wir nicht nur aus Essen und Trinken, Schlaf, Sex und Sport, Familie und beruflicher Anerkennung – sondern eben auch aus der freundschaftlichen Begegnung mit Menschen, die nicht zur Familie gehören. Natürlich hat nicht jeder den gleichen Bedarf an sozialen Kontakten, aber jeder hat einen Bedarf. Zudem kann es die engsten Bezugspersonen zu sehr strapazieren oder sogar schlicht überfordern, wenn sie die einzigen emotionalen „Tankstellen" sind.

Spricht man Männer auf das Thema „Freundschaften" an, wedeln sie mit ihrem randvollen Terminkalender, was heißen soll: ‚Ich habe einfach keine Zeit für Freundschaften!' Dabei liegt es nur selten wirklich an der Zeitknappheit. Zwar kosten Freundschaften tatsächlich Zeit und Kraft, Anteilnahme und Fürsorge. Aber entscheidend ist etwas anderes: Um eine Freundschaft einzugehen und zu pflegen, braucht man Mut, nämlich den Mut, den ängstlichen, verzagten und traurigen Anteil in sich zu zeigen.

Und da sind wir wieder bei den Punkten, die uns schon das ganze Buch über begleitet haben. Solange Jungen auf dem Weg ins Erwachsenenleben den Zugang zu sich selbst verlieren, zu ihren leisen Seiten, ihren Gefühlen, Wünschen und Bedürfnissen, solange sie verlernen (müssen), sich zu öffnen und sich mitzuteilen, werden sie keine Basis für eine echte Männerfreundschaft schaffen können.

Deshalb sind Männer in persönlichen Krisenzeiten oft bedeutend schlechter dran als Frauen, die sich bei einer guten Freundin ausweinen können. Besonders wenn eine Partnerschaft zerbricht, kommen manche Männer überhaupt nicht mehr zurecht. Nicht wenige Männer sind erst zu diesem Zeitpunkt in der Lage, einem anderen Menschen ihre ganze Verzweiflung mitzuteilen.

Jungen haben wie Mädchen im Kindesalter noch die ganze Bandbreite der Mitteilungs-Möglichkeiten, aber mit Einsetzen der Pubertät müssen sich die Jungen der Frage „Was ist eigentlich männlich?" stellen. Und da hat unsere Gesellschaft eben immer noch überwiegend nur rigide Rollenstereotype anzubieten. Der Mangel an Vorbildern aus Fleisch und Blut lässt die Jungen „leichte Beute" von Vorbildern aus Spielfilmen und Werbespots werden.

Viele Jugendliche gefallen sich dann darin, alle Probleme allein lösen zu wollen („lonesome cowboy"), nicht um Hilfe zu bitten, sich keine Unterstützung zu holen. Das geht natürlich nicht, ohne dass man seine Gefühle kontrolliert. Alle Gefühle, die nicht zur männlichen Geschlechtsrolle passen, wie Enttäuschung, Mutlosigkeit, Niedergeschlagenheit und Passivität müssen besonders massiv unterdrückt werden. So verlernt der Jugendliche, eine Differenzierung seiner Gefühle wahrzunehmen. Wut oder Jubel sind erlaubt, aber Ratlosigkeit oder Melancholie können nicht wahrgenommen und demnach auch nicht zum Ausdruck gebracht werden. Was übrig bleibt, reicht schlicht und einfach nicht, um eine wirkliche Freundschaft (und keine Sportskameradschaft oder Geschäftsfreundschaft) zu gestalten und mit Leben zu erfüllen. Und die in den letzten Jahren so deutlich in den Blick gekommene „emotionale Intelligenz" besteht natürlich auch darin, die eigenen Gefühle differenziert wahrzunehmen und angemessen ausdrücken zu können.

Wie eine gute Männerfreundschaft aussieht – dazu fehlt es aber auch an Modellen, es mangelt an Vorbildern für den Austausch von Gefühlen zwischen Männern. Schon in der Familie ist der Vater meist nur dafür zuständig, dem Sohn zu zeigen, wie man mit der Stichsäge umgeht oder wie man einen Modellflieger baut. Er erklärt, was man unter dem Dax versteht oder wie man der Infektion mit einem Computer-Virus entgeht. Für alles, was jenseits von Verstand und handwerklich-technischen Fähigkeiten liegt, ist die Mutter zuständig, später dann die Ehefrau. Für viele Männer ist deshalb zeitlebens die Frau die zentrale Figur, die sie emotional nährt.

Diese Überforderung der Frauen durch die „Freundschaftslosigkeit" ihrer Partner wird erst aufhören, wenn Jungen Vorbilder zu Männerfreundschaften bekommen. Immerhin gehen heute manche Männer in Männergruppen, um mehr über ihre Männlichkeit zu erfahren, und manche denken in diesem Rahmen zum ersten Mal darüber nach, ob ihr Vater einen Freund hatte, welche Qualitäten Männerfreundschaften haben können und was sie sich von einer Männerfreundschaft wünschen würden.

Die destruktive Angst vor Homosexualität

Was einer Freundschaft zwischen Männern außerdem im Weg steht: die überdimensionale Angst, auch nur in die Nähe der Homosexualität gerückt zu werden. Auch intelligente, überlegte Männer reagieren mitunter unglaublich scharf und geradezu tollwütig auf Homosexuelle. Erkundigt man sich nach den Hintergründen dieser seltsamen Wut, bekommt man nicht eine einzige vernünftige Antwort.

Homosexualität ist für viele der Inbegriff des Un-Männlichen und wird beinahe als persönliche Bedrohung erlebt. Vollkommen unverständlich, denn ein homosexueller Mann „schnappt" doch keinem heterosexuellen Mann eine Frau weg. Doch darum geht es ja offenbar gar nicht: Je mehr man(n) sich von Homosexuellen abgrenzt, desto mehr kann man(n) sich als Mann fühlen. Männerfreundschaften haben vor dem Hintergrund dieser Sichtweise also etwas Gefährliches, weil man in einen grässlichen Verdacht geraten könnte ...

Sehen wir Eltern nicht auch unsere Söhne – ohne weiter nachzudenken – als heterosexuelle Wesen an? Klar, nur fünf Prozent der Männer lieben dasselbe Geschlecht. Aber warum kann da nicht eines Tages einer unserer Söhne darunter sein? Würden damit alle Elternträume zerbrechen? Vorbei mit dem Bild vom gut aussehenden erfolgreichen Mann mit glücklich lachender Frau und wohlerzogenen Kinderchen an seiner Seite?! ... Wenn wir dann erführen, dass er allenfalls einen glücklich lachenden Mann an seiner Seite haben wird – was dann?

Manche Eltern bringen es fertig, mit ihrem Sohn zu brechen, weil er ihnen „das angetan hat". Für viele bricht aber zumindest eine Welt zusammen. Und zwar wirklich weniger aus Sorge um das Lebensglück des Sohnes in einer bigotten, heuchlerischen Gesellschaft, sondern aus Enttäuschung und Trauer über die verloren gegangenen Träume.

Als mein jüngster Sohn im Kindergartenalter war, spielte er viel mit Puppen, zog gern Rüschenblusen an, wollte Nagellack auftragen, Fingerringe anziehen und Zöpfchen in die Haare geflochten haben. Eine Bekannte, der ich arglos von dieser „Phase" (als solche betrachtete ich es zunächst auch) erzählte, stöhnte auf: „Gott, da müssen Sie rechtzeitig gegensteuern!"

Einen Teufel habe ich getan. Ich hätte ihn nur verletzt, wenn ich ihm seine Spielpräferenzen und Wünsche verboten hätte. Allerdings konnte ich ihn nicht vor der dümmlichen Bemerkung einer (ebenso dümmlichen) Tante bewahren, die auch „gegensteuern" wollte: „Du bist ja ein Mädchen!" Mir war, als riete man mir, ich solle gegensteuern, dass seine blonden, lockigen Haare nicht mit den Jahren immer dunkler und glatter würden.

Damals wie heute glaub(t)e ich den Wissenschaftlern, die der Auffassung sind, dass Homosexualität angeboren ist wie grüne Augen oder harter Zahnschmelz. Eva Zeltner, Autorin des Buches „Weder Macho noch Muttersöhnchen" rät Eltern, deren Sohn sich zum eigenen Geschlecht hingezogen fühlt, zur Gelassenheit: „Eltern müssen nicht in Schwulenbars verkehren, entsprechende Discos besuchen, des Sohnes Freunde weder alle kennen noch lieben oder sich gar über seine sexuellen Praktiken informieren. Es genügt, wenn sie seinen Lebensstil akzeptieren und ihm zutrauen, sein eigenes Leben gestalten zu können."

6 ■ Wenn Söhne Männer werden

Als ich meinen ältesten Sohn zu seinem Debüt im Gymnasium begleitete, stand ich zum ersten Mal nach 20 Jahren wieder im Foyer einer solchen Schule. Mein Blick fiel auf eine Gruppe Zwölftklässler, teilweise baumlange Kerle von unübersehbarer Männlichkeit. Dass aus Söhnen eines Tages Männer werden, war mir nicht neu, doch nie zuvor bin ich so mit der Nase darauf gestoßen worden, dass auch mein Sohn ...

Nicht, dass ich Männer nicht ausstehen kann. Aber manchmal habe ich doch das Gefühl, dass sie aus so ganz anderem Holz sind als wir Frauen. Dass unsere Gedanken und Gefühle Lichtjahre voneinander entfernt sind und dass Einander-Verstehen nur in seltenen Sternstunden möglich ist. Deshalb kroch in mir die bange Frage hoch: Werde ich mir mit meinem Sohn noch etwas zu sagen haben, wenn er ein Mann ist? Wie wird er überhaupt zu Frauen stehen?

Mein Sohn – mein Herzensbrecher?

Tief drinnen in einem verborgenen Winkel vieler Mutterseelen wabert – viel stärker als jeder feministische Gedanke – die Sorge, dass dieser junge Mann von leichtfertigen Mädchen um Ruhe und Verstand gebracht wird. Manchmal ist da sogar die bange Vorstellung, dass am Ende keine das Verständnis und die Liebe aufbringen wird, die er braucht. Erst recht, da die jungen Damen heute doch so maßlos verwöhnt sind! Und er, der Gute, wird womöglich duldsam ihre Launen und Zickigkeiten ertragen. Man wird es kaum mitansehen können ...

Andere Gedanken haben die Mütter, die in ihrem Sohn den unwiderstehlichen Eroberer sehen. Diese Mütter geben meist gern zu, dass sie dem Charme ihres Sohnes immer wieder mal erliegen: „Ich werde schnell schwach", meinte eine Mutter lächelnd, „und das weiß er ganz genau."

Auch eine emanzipierte Frau darf heimlich solche Träume – mit ihrem Sohn in der Heldenrolle – träumen. Hier darf sie ungestraft schmachten, schließlich ist die Liebe einer Mutter unverdächtig ...

Doch das ist ein Mythos, an dem selbst in unserer aufgeklärten Zeit ziemlich eisern festgehalten wird. Mutterliebe ist spätestens dann nicht mehr keusch, wenn der Sohn mit tiefer Stimme spricht, der Bart sprießt und selbst durch die Boxershorts eine deutliche Wölbung zu erkennen ist.

Doch nur wenige Frauen wagen es, sich auch diese „unmütterlichen" Gefühle einzugestehen. Dass auch eine erotische Sehnsucht wach wird, wenn eine Frau so einem jungen, vitalen Mann zusieht. „Wäre ich nicht seine Mutter und zudem 25 Jahre älter als er – ich würde mir schon etwas einfallen lassen, um ihn auf mich aufmerksam zu machen", sagte mir eine Mutter, als wir über dieses Thema sprachen.

Als ob es einem sexuellen Missbrauch nahekäme, so scheuen viele Mütter heranwachsender Söhne solche Gedanken und Gefühle. Und versagen sich damit etwas, was ihr Selbst-Bewusstsein erweitern könnte. Ein seelisch gesunder Mensch vermag schließlich zwischen seiner Phantasie, in der bekanntlich alles erlaubt ist, und der Realität klar zu unterscheiden und bringt weder sich noch andere kraft Gedanken in Konflikte.

Die Reife der erwachsenen Frau befähigt dazu, diesen jungen Mann ganz bewusst, aber mit einer gewissen Distanz zu erleben. Darin liegt etwas Wunderbares, aber auch etwas Schmerzhaftes. Sie muss erkennen, dass sie nicht mehr jung ist, dass sie einer anderen Generation angehört. Und sie muss erkennen, dass dieser junge Mann dabei ist, sie – seine Mutter – zu verlassen.

Wie eine Frau das verkraftet, hängt entscheidend von der Qualität der Partnerschaft ab, in der sie lebt. (Allein erziehende Mütter sollten besonders darauf achten, gut für sich zu sorgen und ihr Leben aktiv zu gestalten.) Der Vergleich zwischen diesem jungen Energiebündel und dem gesetzteren, manchmal reichlich müden Partner mit Bauch- und Glatzenansatz, der seiner Frau vielleicht im Lauf der Jahre so einiges zugemutet hat, drängt sich – so ungerecht das ist – in dieser Zeit mitunter auf.

Wenn diese Aufgabe, die altgediente Partnerschaft eben nicht an einer jungen Liebe zu messen, gut bewältigt wird, trägt das sehr zur Stabilisierung der gereiften Paarbeziehung bei. Die Mutter glücklich zu wissen, erleichtert wiederum dem herangewachsenen Sohn den Ablösungsprozess.

Häufig gerät die Partnerschaft der Eltern genau dann in die Krise, wenn die Mutter ihren Sohn zum Mann werden sieht. Doch nicht dieser bevorstehende Abschied bricht ihr das Herz, sondern es gerät aus anderen Gründen etwas in Unruhe: Das Gefühl, nicht mehr so sehr von den Kindern gebraucht zu werden, löst in nicht wenigen Frauen den Wunsch aus, noch einmal etwas ganz Neues zu beginnen.

Ob sie dies realisieren oder nur davon träumen – die so

häufigen Beziehungskrisen in den mittleren Lebensjahren haben manchmal auch ihr Gutes: Die Eltern sind sehr mit sich beschäftigt, kommen also gar nicht in die Gefahr, ihren heranwachsenden Sohn zu beglucken oder in seiner Entfaltung zu hemmen. Erreicht aber die Krise ein solches Ausmaß, dass die Eltern konkret an Trennung denken, kann das genau den gegenteiligen Effekt haben: Um die Eltern beisammen zu halten, kleben manche Jugendlichen dann wie Kletten am Elternhaus. Manche Jungen weichen ihrer Mutter nicht von der Seite, um ihr beizustehen. Manche allerdings werden auch gewissermaßen aus dem Haus „getrieben", weil sie den ewigen Streit nicht mehr ertragen können.

Wie immer es um die Partnerschaft steht – es sollte bei beiden Eltern noch genügend Energie vorhanden sein, um ihren Halbstarken noch ein paar Jahre den Landeplatz zu bieten, den sie nach wie vor brauchen. Auch wenn Jugendliche das Zerbrechen der elterlichen Partnerschaft scheinbar gelassen hinnehmen, berührt sie das doch immer an ihren Grundfesten.

Unvermeidbare und unaufschiebbare Trennungen können dennoch auf ihre Weise verbindend sein. Der allgemeine Aufbruch muss nun von allen bewältigt werden, und man kann gemeinsam als Familie ein abgeschlossenes Kapitel verabschieden und auch betrauern. Gleichzeitig wird aber deutlich, dass das Leben auch nach einem solchen Bruch weitergeht – eben nur in einer anderen äußeren Form. Wichtig ist in derartigen Situationen, dass die Jugendlichen in möglichst viele Gespräche einbezogen werden und, so bald es geht, Klarheit bekommen über das, was Eltern planen. Es erübrigt sich zu sagen, dass eine friedliche Trennung auch für Jugendliche der ideale Weg wäre.

Mutterliebe währt ewig – aber wie?!

Mütter lassen oft zeitlebens nichts auf ihren Sohn kommen. Sehr berührt hat mich das Beispiel einer Mutter, deren Sohn als mehrfacher Frauenmörder überführt worden war; sie stand trotz dieser schrecklichen Verbrechen zu ihrem Sohn. Wir hatten einen heftigen Streit im Freundinnenkreis zu diesem Thema, und die meisten waren der Meinung, dass sie sich von so einem Sohn lossagen würden.

Wenn man von solch einer Geschichte gehört hat, dann ist einmal mehr sonnenklar: Es hat nicht den geringsten Sinn, sich bei der Schwiegermutter über den Ehemann zu beschweren. Was immer der sich erlaubt hat – sie wird es herunterspielen, wird um Verständnis für ihren Sohn werben oder gar der Frau die Schuld in die Schuhe schieben. Ihr Sohn muss sich für so viel Loyalität noch nicht mal dankbar erweisen – er ist ihr Sohn, das genügt. Nachsicht ist ihm für alle Zeiten gewiss.

Nachsicht nimmt er sein Leben lang gerne entgegen, noch lieber ist ihm allerdings als Heranwachsender eine Nicht-Einmischung. Eine Mutter sollte sich niemals als Freundin ihres Sohnes fühlen oder versuchen, ihm eine solche zu ersetzen, wenn er noch keine gefunden hat. Erst recht nicht geschätzt werden mütterliche Forderungen nach einem Bericht über die Seelenlage des Sohnes. Diese Nähe macht ihn jetzt aggressiv. Wenn er etwas erzählen möchte, dann wird er das erzählen, aber bitte freiwillig. Gesprächsangebote muss man natürlich machen, doch man darf nicht beleidigt sein, wenn diese abgelehnt werden.

Das Ideal einer herangereiften Mutter-Sohn-Beziehung sieht so aus: Mutter und Sohn können sich gegenseitig

Zuneigung zeigen und respektieren des anderen Privatleben. Wie schafft man das? Wichtigster Punkt: Beizeiten den Sohn Verantwortung übernehmen lassen und sich auch bei Schwierigkeiten nicht gleich einschalten.

Wie viel Übergriffigkeiten auch größeren Söhnen noch passieren, ist erstaunlich. Oft wagen es die Jugendlichen nicht, die „Hilfe" der Mutter abzulehnen – aus Angst, sie zu verletzen. Ein Beispiel: Christian, 15, trägt zweimal die Woche Zeitungen aus. Weil er auch für die Schule immer viel zu tun hat und häufig mit seinen Freunden unterwegs ist, wird ihm oft die Zeit knapp. Ihn stresst das weniger, seine Mutter dafür umso mehr. Weil sie es nicht mitansehen kann, wie der Sohn diese Berge von Zeitungen bewältigen soll, geht ihm die Mutter regelmäßig ungefragt zur Hand. Nur seinem Freund hat Christian einmal enttäuscht gesagt: „Meine Mutter traut mir nicht zu, dass ich das allein schaffe!"

Ein Junge möchte während der Pubertät auf Distanz zur Mutter gehen; Distanz wird aber von manchen Müttern mit Kritik gleichgesetzt – so entstehen Misstöne, die der Sohn keinesfalls gewollt hat. Eine Mutter mit einer stabilen Persönlichkeit fühlt sich nicht gleich zurückgewiesen, wenn ihr heranwachsender Sohn sich abgrenzt und beispielsweise sagt: „Mama, du dramatisierst schon wieder! Ich hab' alles im Griff!" Es ist ein Zeichen für seine Reife und seine psychische Gesundheit, dass er verschlossen wird und sich wehrt, wenn seine Mutter vergessen sollte, dass er sein Leben auf seine Weise gestalten möchte und muss.

Er hasst es jetzt regelrecht, dass man sich um ihn „kümmert", nach seinen Aufgaben fragt, seine Heimkehrzeiten überwacht oder seinen Umgang mit Freunden beäugt. Väter dürfen das nicht, Mütter noch viel weniger.

Freiheit und Unabhängigkeit ist nun sein oberstes Ziel; darin, dass er dabei noch gern die Zugehörigkeit und Geborgenheit (inklusive frischer Wäsche und gefülltem Kühlschrank) der Familie in Anspruch nimmt, sieht er keinen Widerspruch. Er will jetzt nichts davon wissen, dass Menschen, die zusammenleben, in gewisser Weise voneinander abhängig sind.

Die Liebe seiner Mutter (und eine gewisse Führung durch seine Eltern) braucht er dennoch weiterhin. Er wünscht sich unbewusst, dass die Mutter seine Männlichkeit und seine Einzigartigkeit schätzt – auch jetzt noch saugen die „Kinder" das Strahlen in den Augen ihrer Eltern auf wie ein Insekt den Blütennektar.

Auch wenn es auf den ersten Blick so aussieht, als bekäme man nichts mehr zurück – Söhne lieben und beschützen ihre Mutter und machen sich Sorgen, wenn es ihr nicht gut geht. Und sie haben großen Respekt vor Müttern, die selbstbewusst sind und ihre Wertvorstellungen klar vertreten. Eine selbstbewusste Frau hat auch immer eine klare Einstellung zu Männern, und die ist weder anhimmelnd noch abwertend. Das ist ein ideales Sprungbrett für einen Sohn.

Das erste Mal ...

„Darüber kann man heute ja offen reden ...", heißt es betont locker, wenn über Sexualität gesprochen werden soll. Doch Experten – ob Berater der Pro Familia, Leiter von Männer- oder Frauengruppen, ob Ärzte oder Therapeuten – alle wissen: Es fällt den meisten Menschen immer noch furchtbar schwer, vor allem über *ihre* Sexualität zu sprechen.

Jungen-Problem feuchte Träume

Die erste Menstruation der Tochter wird inzwischen in immer mehr Familien mit einer kleinen Feier begrüßt. Auch der erste Samenerguss ist das Erlebnis sexueller Reife. Doch in der Erwachsenenwelt wird er kaum, eher peinlich berührt oder pragmatisch-lapidar zur Kenntnis genommen.

„Eine gezielte Vorbereitung auf die Ejakularche vermag entscheidend dazu beizutragen, dass die erste Ejakulation von Jungen als etwas Angenehmes erfahren und erinnert wird", heißt es in dem Fachbuch „Studien zur Sexualpädagogik" (hg. v. Norbert Kluge). „Aber wem ist in unserer Gesellschaft schon daran gelegen?"

Eine Befragung hat ergeben, dass die erste Ejakulation für die Jungen, die auf dieses Ereignis vorbereitet waren, eine angenehme Erfahrung ist. Wer unvorbereitet ist, erlebt den ersten Samenerguss häufig zumindest mit einiger Unsicherheit. Manche dieser Jungen erleben ihn sogar als grundsätzlich negativ, weil er sie peinlich berührt, oder weil sie sich unsauber und – einsam! – fühlen.

Der erste Samenerguss kommt früher als viele Eltern ahnen. Das Durchschnittsalter, in dem das Ereignis eintritt, bewegt sich immer mehr nach unten: von 14,2 Jahre bei 50 % der Jungen Anfang der achtziger Jahre auf 12,5 Jahre in den Neunzigern. Weil die Eltern glauben, ihr Sohn sei ja noch „so sehr Kind", dass noch kein Samenerguss stattfinden kann, trifft es auch viele Kids wie aus heiterem Himmel.

Zudem wird in vielen Elternhäusern so getan, als gäbe es dieses Thema gar nicht. Binden und Tampons liegen heute für jedes Auge sichtbar in Badezimmern herum und werden in ganzseitigen Anzeigen beworben. Die Monatshygiene ist zum Alltagsthema geworden.

Und wohin bitte mit dem Ejakulat? Schlafanzughose, Bettlaken – Vorhang? Dass in fast allen Familien die Mutter für die Aufklärung zuständig ist, daran hat sich innerhalb der letzten zehn Jahre nichts geändert. Die Väter, die ihre Söhne in solches Männerwissen einweihen, sind immer noch in der Minderheit.

Das ist ein sehr unglücklicher Zustand. Was weiß eine Frau darüber, wie sich ein Samenerguss anfühlt? Sie gibt womöglich nur Ratschläge, was man(n) tun kann, damit Bettzeug oder Schlafanzug nichts abbekommen. Also bitte! Wie soll da ein junger Mensch den Eintritt seiner sexuellen Reife genießen?

Über Sexualität sollte auch mit Heranwachsenden gesprochen werden, was freilich nicht bedeutet, dass Mutter und Väter ihre sexuellen Vorlieben kundtun sollen. Vielmehr geht es darum, den Jugendlichen, in diesem Fall den Söhnen, etwas von der eigenen Einstellung zur Sexualität zu vermitteln. Es wäre wundervoll, wenn sich auch mehr Väter an dieser Aufgabe beteiligen würden. Nach Umfragen sind es nämlich nach wie vor die Mütter, die mit ihren Söhnen über Samenerguss, Selbstbefriedigung und Geschlechtsverkehr sprechen.

Natürlich kann es nicht nur um solche Aufklärungsfakten gehen. Eltern sollten „durchschimmern" lassen, welchen Stellenwert Sexualität in ihrem Leben hat. Leider tun manche Väter und Mütter gerade so, als seien sie asexuelle Wesen. Das andere Extrem: In manchen (allerdings sicher sehr wenigen) Familien ist es üblich, die Ereignisse der vorangegangenen Liebesnacht vor den Ohren der Kinder zu kommentieren, oder gar, wie mir kürzlich berichtet wurde, der 13-jährigen Tochter etwas über die sadomasochistischen Neigungen ihrer Mutter zu offenbaren.

Jugendliche wollen schocken (so sprach einer meiner Söhne eines Morgens: „Auch mit Männerkörpern kann man schöne Sachen machen!" und wartete gespannt auf meine Reaktion), aber nicht geschockt werden. Auch wenn das hausbacken klingt: Jugendliche wollen auch etwas über Moral und Wertvorstellungen, über Liebe und Verantwortung hören. Sie wollen hören, dass Sex und Liebe zusammengehören, dass Sex aber auch ohne tiefere Gefühle möglich ist (und das nicht nur bei Männern, wie man heute weiß!).

Von der Unbefangenheit, mit der unsere Kids mit dem Thema „Sexualität" umgehen, können wir noch etwas lernen. Meine Söhne brachten eines Tages einige Päckchen Kondome mit nach Hause und haben diese im Laufe des Nachmittags verschiedenen Belastungstests (z. B. sie mit Wasser gefüllt, sie über eine Salatgurke gezogen) unterzogen. Am Abend war die Neugier befriedigt, und an verschiedenen Stellen im Haus fand ich die „benutzten" Kondome. Ich habe nicht viel Aufhebens davon gemacht, nur aufräumen sollten sie die Dinger – wie man eben Spielzeug aufräumt, wenn es Abend wird.

Einmal – zum Thema Selbstbefriedigung befragt – konnte ich meinen Söhnen etwas Spannendes erzählen: Dass Selbstbefriedigung in meinen Kindertagen noch zu den schamvoll verschwiegenen und mit den übelsten Strafen geahndeten bzw. mit schlimmen Erkrankungen assoziierten Handlungen gehörte. Dass viele Menschen ihr Leben lang unter schweren Schuldgefühlen gelitten haben, weil sie „es" nicht lassen konnten. Das konnten sich meine Söhne natürlich kaum vorstellen. Sie waren beruhigt, als ich ihnen sagte, dass fast alle Männer und viele Frauen sich regelmäßig selbst befriedigen, dass dies also etwas ganz Normales ist.

Wenn man als Mutter oder Vater ihre/seine eigene Sexualität als kostbares Geschenk ansieht, überträgt man diese Einstellung gewissermaßen automatisch durch die Art, wie man über Sexualität redet. Einem Sohn (natürlich auch einer Tochter) erleichtert dies die Integration seiner Sexualität in seine Persönlichkeit; er muss seine Sexualität nicht als etwas ansehen, was außerhalb von ihm agiert oder ihn gar beherrscht.

Jungen sind heute im Durchschnitt gut 15 Jahre alt, wenn sie zum ersten Mal mit einem Mädchen schlafen. Zu diesem Zeitpunkt muss – das versteht sich von selbst – die Aufklärung schon lange stattgefunden haben. Dass auch ein Junge alles über Verhütungsmethoden wissen muss, ist wohl überflüssig zu erwähnen.

Eltern spüren meist sehr genau, wann das „erste Mal" ansteht. Soll man Grenzen setzen, um die ersten sexuellen Erfahrungen hinauszuzögern, um den Jugendlichen erst einmal erleben zu lassen, was Sehnsucht bedeutet? Ich fürchte, das wird nicht viel nützen. Wenn Jugendliche verliebt sind oder wenn sie den dringenden Wunsch haben, „es" endlich auszuprobieren, dann wird man sie kaum daran hindern können.

Einen Gesprächsversuch sollte man allerdings schon machen, um herauszuhören, worum es geht. Ist die Verliebtheit so groß? Macht die Clique Druck? Ist da Angst, etwas zu versäumen? Gerade Jungen zeigen sich oft nicht sonderlich gesprächsbereit; dennoch sollten Eltern alle ihre Bedenken auf den Tisch legen.

Aller Gleichberechtigung zum Trotz sollte man sich vor Augen halten, dass man sich in diesem Fall mehr Sorgen um das Mädchen machen muss: Der Junge agiert, das

Mädchen wird penetriert! Nach Umfragen finden zwei Drittel aller Jungen das erste Mal aufregend und schön, aber nur ein Drittel der Mädchen. Deshalb sollten Söhnemütter auch über die Gefühle eines Mädchens sprechen und an ihren Sohn appellieren, behutsam mit ihr umzugehen. (Nach meiner Einschätzung tun das die meisten Jungen aber sowieso!)

Wenn alles besprochen ist, sollte man den Sohn in dieser Hinsicht loslassen. Also niemals nachfragen, ob er auch Kondome dabei hat oder ob seine Freundin auch regelmäßig die Pille nimmt! Sein Zimmer zu betreten, ohne anzuklopfen, das ist spätestens jetzt tabu!

Mitunter müssen Mütter als Prellbock herhalten, wenn der Sohn seine sexuellen Bedürfnisse noch nicht ausleben kann. Das kann sein, weil er noch keine Freundin hat, weil die Freundin noch nicht bereit ist oder weil er sich noch nicht reif dafür fühlt oder sich ganz einfach nicht traut. Unterschwellig lässt er seine Not an seiner Mutter aus, ist unausstehlich, und sie kann es anstellen, wie sie will – sie ist immer doof und macht alles falsch. Möglicherweise erinnert ihn gerade die Mutter, eine Frau, an seine Ohnmacht und das drohende Gefühl, womöglich ein Versager zu sein.

Wenn Ihr Sohn eine feste Freundin hat, und diese Ihnen nicht gefällt, dann hat es keinen Zweck, Missfallen zu äußern, in der Hoffnung, dass der Sohn sie aufgibt. Er wird „trotzig" reagieren und sie erst recht festhalten. Anstatt sich in die Beziehungen des heranwachsenden Sohnes zu mischen, sollte man ihm vermitteln: Entscheidend ist dein Wohlbefinden, deshalb achte auf dich! Wenn er verstanden hat, worum es dabei geht, wird er sich nicht mit Leuten umgeben, die ihm nicht gut tun.

Häutungen

Die Zeiten, in denen Männer weder auf Körperpflege noch auf ihre Linie besonders achten mussten, sind vorbei. Der gesellschaftliche Druck, gepflegt zu sein und schick aussehen zu müssen, hat nun auch das männliche Geschlecht erreicht. In den Augen vieler Frauen war dies mehr als überfällig, da sie für ihre Schönheit seit Menschengedenken zu leiden bereit waren. Für unsere heranwachsenden Söhne bedeutet dies aber einen zusätzlichen Stressfaktor in der Pubertät.

Wie sollen sie sich auch fühlen in ihren unreifen Körpern, wenn ihnen die Medien – insbesondere durch die Werbung – den makellosen und muskulösen Männerkörper als die Norm vorführen? Der 50-jährige Vater eines 16-jährigen Sohnes erzählte mir, dass er zeitlebens unter seinen unmännlich schmalen Schultern gelitten habe. Obwohl er in den letzten zehn Jahren zweimal die Woche Kraftsport macht, hat sich an seiner Silhouette nichts geändert. Seinem Sohn wird es wohl mal ähnlich gehen, denn er hat Vaters Figur geerbt.

Es wäre für alle Söhne hilfreich, wenn ihre Väter mit ihnen über ihr Verhältnis zu ihrem Körper sprechen könnten. Die meisten sind während der Pubertät unsicher geworden (schließlich schält sich nur selten über Nacht ein Adonis aus seinen alten Häuten), haben sich gefragt, ob sie auch männlich genug aussehen werden.

Ganz entscheidend ist bei fast allen Jungen die Frage: Ist mein Penis groß genug? Ohne aufdringlich zu werden, sollte der Vater bei passender Gelegenheit etwas zu diesem für viele Männer so problematischen Thema sagen. Ein paar Sätze dazu, wie wenig die Penisgröße darüber aussagt, ob ein Mann im Liebesleben glücklich sein wird ...

Leider können sich heute immer noch sehr wenige Männer dazu durchringen, mit ihren Söhnen so etwas zu besprechen. Erstaunlicherweise haben nämlich oft Männer mehr Hemmungen als ihre Partnerinnen.

Das Körperbewusstsein der Mutter kann für einen Jungen nicht so vorbildhaft sein wie das seines Vaters. Dafür kann die Mutter mit ihrem Sohn beispielsweise darüber sprechen, dass sie männliche Muskelpakete gar nicht so attraktiv findet, dass ihr ein Mann mit Sinn für Zärtlichkeit und Romantik viel lieber ist als ein Beau, um dessen Treue sie fast stündlich bangen müsste.

Wenn der Sohn jetzt eine Phase hat, in der er das Badezimmer meidet, so kann man getrost sein, dass sich das aller Erfahrung nach rasch wieder ändert. Man kann immer mal behutsam zu täglicher Körperpflege und zum regelmäßigen Wäschewechsel ermahnen; manche Jugendlichen brauchen da eine gewisse „Gedankenstütze", bis es von selbst funktioniert. Waschverweigerung und schlampiges Outfit sind in der Pubertät häufig und fast immer Ausdruck dafür, dass die Jugendlichen ihren Körper so gar nicht leiden mögen. Seinen Körper auch dann gern zu haben, auf ihn zu achten und ihn zu pflegen, wenn er nicht ideal aussieht – das können und sollten Eltern ihren Kindern vorleben.

Väter bzw. Männer gehen mitunter mit ihrem Körper um, als gehöre er gar nicht zu ihnen. Entsprechend nachlässig sind sie leider auch häufig mit der Ernährung und regelmäßigen gesundheitlichen Check-ups. Auf seinen Körper zu achten, heißt aber eben auch, regelmäßig zum Zahnarzt und zum Hautarzt (sofern Leberflecke vorhanden sind) zu gehen und auf seinen Impfschutz zu achten. Bedauerlicherweise ist es auch wieder fast nur die Aufgabe der Mütter, ihre Söhne in dieser Hinsicht anzuleiten. Natürlich möchte ein 15-Jähriger nicht mehr in Begleitung seiner Mutter in der Zahnarztpraxis erscheinen. Viele Jungen weigern sich nun auch, sich von einer Frau „angrabschen" zu lassen. Dies sollte man respektieren, denn sogar vor den Augen der Mutter mag sich jetzt kaum noch ein Junge ausziehen. Manche vermeiden es jetzt sogar, in Unterwäsche über den Flur zu gehen. Man sollte also mit dem Sohn gemeinsam „seinen" Arzt aussuchen, wenn er das möchte.

Wenn die Stimme in den Keller geht
Oft ist es das Ende einer Sängerkarriere, wenn die Stimme um eine Oktave tiefer wird. Sängerknaben und Kinderstars sind aber wohl die einzigen, die über diesen Wandel hin zur Männlichkeit ein wenig traurig sind. Die meisten anderen Jungen erzählen es mit stolz geschwellter Brust, wenn man sie zum ersten Mal am Telefon mit ihrem Vater verwechselt hat.
Die Hormone sind's, die über Zeitpunkt und Geschwindigkeit dieser Veränderung entscheiden. In einer neuen Studie der HNO-Klinik der Leipziger Universität (durchgeführt mit Sängern des Thomanerchors Leipzig) konnte man jetzt sogar Testosteron-Werte ermitteln, anhand derer sich abschätzen lässt, wie viel Zeit noch bis zum Stimmbruch verstreichen wird.
Bei jedem Menschen wird die Stimme etwas tiefer, wenn der Kehlkopf zusammen mit dem gesamten Körper größer wird. Bei der durchschnittlich zwischen drei und zwölf Monaten dauernden „Mutation" (= Stimmwechsel) vollzieht sich eine Massen- und Längenzunahme von Kehlkopf und Stimmlippen (dazu gehören auch die Stimmbänder). Es gibt dabei Extreme: Dass die Stimme beinahe über Nacht tiefer wird oder bis zu zwei Jah-

ren für die Vertiefung braucht. Die Stimmlippenverlängerung beträgt bei Jungen ungefähr 1 cm, bei Mädchen 3–4 mm. Das macht bei Jungen ungefähr eine Oktave, bei Mädchen eine Terz aus.
Die meisten Jungen haben mit dem Stimmbruch in aller Regel nur zwei Probleme: Wenn sie häufig unwillkürliche „Gickser" von sich geben (entwicklungsbedingte Unregelmäßigkeiten in der Stimmbildung), ist das „endpeinlich"! Noch schlimmer aber ist es, mit Kinderstimme zu sprechen, während alle anderen schon brummen. Sogar übers Internet suchen Jugendliche Rat („Hilfe, ich bin schon 15 und habe noch keinen Stimmbruch!"). Zwischen dem 13. und dem 16. Geburtstag muss die Entwicklung in Gang kommen. Hat sich bis dahin nichts getan, sollte man einen Spezialisten aufsuchen (Androloge, Endokrinologe).

Die französische Psychoanalytikerin Francoise Dolto nennt die Summe der Symptome, die den Übergang von der Kindheit zum Erwachsensein begleiten, das „Hummersyndrom". Treffender kann man es wohl kaum ausdrücken, denn ein Hummer schwebt für eine Weile in Lebensgefahr, wenn er den alten Panzer abgeworfen hat und der neue noch nicht gewachsen ist. Der pubertierende Körper ist mit all seinen Veränderungen, dem Schamhaarwuchs, der pickelbesetzten Haut, dem bisher nicht gekannten Schweißgeruch und den überwältigenden Gefühlen so fremd, dass sich ein Jugendlicher darin oft nicht zu Hause fühlt. Deshalb brauchen Jugendliche gerade jetzt ein stabiles Zuhause, so sehr sie nun auch die Werte der Eltern in Frage stellen ...
Vielen Jungen setzen die Häutungen derart zu, dass sie in der Schule in bedenklichem Maß abbauen. Nach au-

ßen tun sie so, als sei alles ganz „easy", dabei leiden sie sehr unter den schlechten Noten. Um ihre Ängste zu kaschieren, behaupten sie auch, sie sähen ohnehin keinen Sinn darin, diesen Stoff zu lernen. Hier hilft nur Langmut und die Aufforderung, der Sohn möge sich überlegen, welche Schulart ihm denn mehr läge als die jetzige. Auch ein Besuch bei einer Schullaufbahnberatung kann helfen, dem Sohn klar vor Augen zu führen, welche Wege zu welchen Abschlüssen und welche Abschlüsse zu welchen beruflichen Möglichkeiten führen.

Sehnsucht nach Grenzerfahrungen

Gerade Jungen schwanken zwischen Größenphantasien und Minderwertigkeitsgefühlen, zwischen dem dringenden Wunsch, die Welt zu verändern und der Verzweiflung über sie hin und her. Nicht umsonst ist die häufigste Todesursache von männlichen Jugendlichen der Selbstmord.

Zum Erwachsensein gehört ein Gespür für Selbstbegrenzung: Man weiß, was man sich zutrauen kann und was man lieber anderen überlassen sollte. Dieses Gefühl für die eigenen Grenzen und das Wissen darum, wann man besser ein Stück weit dahinter zurückbleiben sollte (wer möchte schon dauernd an seine Grenzen stoßen?), ist ein Teil der Reife, die das Erwachsenenleben so viel ruhiger gestaltet als die Jahre, in denen man(n) jung ist.

Die Fähigkeit zur Selbstbegrenzung erlangt man natürlich nicht nur dadurch, dass man sein körperliches Leistungsvermögen testet. Sich über den Körper zu erfahren ist dennoch ein ganz wesentliches Element auf dem Weg zu einem ganzheitlichen Lebensgefühl. Vielleicht ist das eine Erklärung dafür, weshalb es fast nur männliche Jugendliche sind, die auf oft halsbrecherische Weise ausprobieren, wo sie stehen und wie weit sie gehen können. Die vielleicht nur dann Zugang zu ihrer Körperlichkeit bekommen, wenn sie geradezu lebensgefährliche Wagnisse eingehen?

Es scheint aber auch so zu sein, dass Jugendliche durch solche Experimente gewisse Exempel statuieren wollen; sie wollen nicht nachturnen, was Hunderte anderer schon vorgeführt haben. Da wir es von früh bis spät mit einer erschütternden Selbstverständlichkeit hinnehmen, dass uns Gewalt und Grenzüberschreitungen per Medien ins Wohnzimmer serviert werden, sind Jugendliche fast dazu gezwungen, nach dem besonderen Kick, nach dem Mehr an Tabubruch zu suchen.

Doch da ist noch etwas anderes: Gerade Jungen bzw. männliche Jugendliche müssen – wie auch in anderen Kapiteln immer wieder betont – ihre Ängste niederringen. Dieses Erlebnis, etwas Hochgefährliches gewagt und ohne größeren Schaden überlebt zu haben, lindert Ängste nicht zuletzt durch die erfolgte Endorphinausschüttung – zumindest vorübergehend.

Im Vorwort zu David D. Gilmores Buch „Mythos Mann" heißt es: „Jede Kultur hält es für nötig, den an sich schwachen und zur Regression neigenden Männern gewaltsam eine „progressive" Verhaltensnorm aufzuzwingen. Diese Tatsache erklärt uns viel von dem Stress, der mit der männlichen Rolle verbunden ist. Er entspringt dem Zwang, als Mann bestimmten „fremden" Standards entsprechen zu müssen. Es gibt offenbar keine Kultur, die davon ausgeht, dass Männer an sich stark, tüchtig und potent seien; überall sollen sie erst durch Prüfungen, Leiden und sozialen Zwang dazu gemacht werden."

Kann es also sein, dass wir – die Gesellschaft – unsere Söhne dazu zwingen, ihre eigenen Initiationsrituale zu inszenieren? Weil es zu wenige Väter, Onkels, ältere Cousins oder sonstige Mentoren gibt, die die männlichen Jugendlichen in die Männerwelt begleiten und aufnehmen? Oder erscheint den Heranwachsenden die Welt ihrer Väter so müde, abgekämpft und dumpf, dass sie zeigen wollen: So will ich nicht werden, so will ich nicht leben! Ich will ein Leben, in dem etwas passiert!

Von Initiationscamps und -wochenenden, wie sie mancherorts angeboten werden, wo Jungen zwischen 13 und 15 Jahren bestimmte Härteprüfungen (z. B. eine Nacht allein im Wald zu verbringen) durchstehen müssen, halte ich nicht viel. Mir widerstrebt der Gedanke, meinen Sohn in so ein Camp zu schicken, damit er gegen etwas ankämpft, was ich bemüht war, ihm zu erhalten: Um die Härteprüfungen zu überstehen, muss ein Junge gegen seine Angst ankämpfen. Er muss das allein deshalb tun, um sich vor den anderen Jungen keine Blöße zu geben. Als ich meine Söhne fragte, ob sie Lust auf ein solches Wochenende hätten, haben das alle drei abgelehnt. Die Begründung: Sie hätten Angst!

Ein Patentrezept für einen gelungenen und gesunden Übergang von der Kindheit zum Erwachsenenleben kann ich nicht geben. Doch nach meiner Erfahrung gibt es günstige Konstellationen, die die Sehnsucht von Jungen nach Grenzerfahrungen nicht in selbstgefährdende Bereiche wachsen lassen: In der Kindheit brauchen Jungen eine Umgebung, in der sie ihre Grenzen erfahren können. Die meisten Eltern versuchen eine Wohnumgebung zu schaffen, in der Kinder die Möglichkeit haben, sich auszutoben. Väter und Mütter müssen aber auch zulassen, dass diese Möglichkeiten genutzt werden – und das ist oft die weitaus schwierigere Aufgabe. Den Sohn allein auf das Klettergerüst oder die Schaukel zu lassen, später allein an den Bach oder in den Wald, wieder etwas später allein mit dem Fahrrad zum Fußball- oder Skaterplatz ... Ich weiß aus eigener Erfahrung, welchen inneren Kampf man als Elternteil durchstehen muss zwischen der Angst um das Kind und dem Wissen, dass man ihm schrittweise immer mehr zutrauen muss.

Des Weiteren scheint ein offenes Elternhaus das Gespür für Grenzen zu schulen. Das beginnt mit dem regelmäßigen Zusammensein mit befreundeten Eltern, die wiederum auch kleine Kinder haben, sowie mit Übernachtungen der Kinder bei anderen Familien, das geht über gemeinsame Unternehmungen und Reisen mit anderen Familien bis hin zu der Erlaubnis, dass befreundete Jugendliche das Wochenende im eigenen Haus verbringen dürfen. Wir haben eine Art „Hausordnung" entworfen (z. B. kein Rauchen innerhalb des Hauses, kein Alkoholkonsum), so dass einerseits klare Regeln herrschen, andererseits keiner von uns Eltern daran Anstoß nimmt, wenn morgens ein schlafender Jugendlicher im Wohnzimmer auf dem Sofa liegt oder wenn fünf Jugendliche die Küche belagern und wie die Heuschrecken über die Vorräte herfallen.

Dieses Miteinander von männlichen und weiblichen Jugendlichen in einem „geschützten" und in gewissem Maß kontrollierten Raum scheint allen gut zu tun. Mag sein, dass es hier die männlichen Jugendlichen nicht mehr nötig haben, „auf den Putz zu hauen", um die Geschlechtsgenossen oder die Mädchen zu beeindrucken. Mag sein, dass sich die Jugendlichen gegenseitig eine gewisse Kontrollinstanz sind, was Alkohol und Drogen angeht. Mag sein, dass sie sich als angehende Erwachsene ernst genommen fühlen, weil sie spüren, dass man ihnen etwas zutraut und ihnen vertraut, wenn man als Eltern auch mal ein paar Tage verreist ...

7 ■ Und was heißt das in der Praxis?

Seit 15 Jahren bin ich Autorin von Erziehungsratgebern und seit fast ebenso vielen Jahren schreibe ich Artikel für große Elternzeitschriften. Ich habe mittlerweile wohl mit ungefähr 100 Expertinnen und Experten gesprochen zu allen möglichen Fragen, die sich rund um die Erziehung allen Eltern stellen.

Wie oft bin ich nach getaner Arbeit von meinem Schreibtisch aufgestanden und glaubte, nun den Stein der Weisen für ein bestimmtes Erziehungsproblem gefunden zu haben. Doch die Ernüchterung ließ nicht lange auf sich warten. Und dies nicht etwa, weil mir die Fachleute etwas Falsches oder Unsinniges erzählt hatten, sondern weil man niemals konkrete Handlungsanweisungen bekommen kann, sondern allenfalls Gedankenanstöße. Danach geht die Arbeit erst richtig los.

Manche Eltern glauben noch immer, sie könnten in ihrem Kind ihre persönlichen Wünsche und Vorstellungen verwirklichen. Doch das geht nicht – auch nicht mit Gewalt. Jedes Kind hat vom ersten Atemzug an eine erstaunlich individuelle Persönlichkeit. Wir können und müssen unsere Kinder begleiten, ihnen Orientierung geben, ihnen Grenzen aufzeigen, ihnen Vorbild sein, sie zur Wertschätzung ihrer eigenen Gefühlswelt anleiten und ihnen Geborgenheit schenken.

Lange Zeit dachte man, dass man Jungen und Mädchen unbedingt gleich erziehen müsse, damit aus ihnen gleichberechtigte Erwachsene werden. Inzwischen ist klar, dass man Jungen in einigen Punkten anders begleiten und fördern muss, als das bisher geschehen ist. Und das nicht mit dem Ziel, aus ihnen partnerschaftskompatible Männer zu machen, sondern allein mit dem Wunsch, ihnen zu einem emotional vielfältigen, konfliktfähigen und selbst-bewussten Leben zu verhelfen.

Bis jetzt haben Sie vor allem darüber gelesen, was man heute über die Gedanken- und Gefühlswelt von Jungen weiß. Im Folgenden soll es darum gehen, was man in ihrer Erziehung konkret tun kann. Wie gesagt: Es sind Anregungen, keine Handlungsanweisungen. Ihre Geschichte und Ihre Beziehung zu Ihrem Sohn hat ihre individuellen Besonderheiten, und manches, was Sie zu lesen bekommen, stimmt für Sie so nicht.

Es wäre dennoch schön, wenn mancher Vorschlag Ihre Beziehung zu Ihrem Sohn erleichtern und bereichern könnte.

Vorschläge für Väter:
- Beschäftigen Sie sich von Anfang an so viel wie möglich mit Ihrem Sohn! Haben Sie keine Sorge, dass Sie etwas falsch machen. Auch eine Frau muss sich in ihre Mutterrolle einarbeiten und hat keine Weisheiten über Babypflege und Erziehung mit Löffeln gefressen. Lassen Sie sich Ihr Engagement nicht durch Kritik ihrer Partnerin verderben! Besprechen Sie konkret, wer was wie machen möchte oder sollte. Bringen Sie auch Ihre Vorstellungen ein (und denken Sie nicht in einer Ecke Ihrer Seele: Kinder sind Frauensache!). Seien Sie aber auch gewissenhaft, wenn es beispielsweise um Medikamenteneinnahme oder Hausaufgabenüberwachung geht. Kaum etwas entzweit ein Paar mehr als eine unterschiedliche Auffassung von Sorgfalt.
- Duschen oder baden Sie mit Ihrem Sohn und zeigen

Sie ihm zu gegebener Zeit, wie man den Penis pflegt. Geben Sie auch das Thema „Aufklärung" nicht stillschweigend an die Frau ab. Nur ein Mann kann einem (jungen) Mann sagen, was in einem Mann vorgeht, wenn ihm eine Frau gefällt. Wie sich Selbstbefriedigung, Samenerguss und Geschlechtsverkehr anfühlen und welche Gedanken und Ängste dabei in einem Mann entstehen können.

- Der Geschlechterkrieg ist nichts für Kinderohren! Wenn Sie auf Frauen schlecht zu sprechen sind – behalten Sie es für sich! Sie verderben Ihrem Sohn womöglich etwas von dem Glück, das die Liebe zwischen Mann und Frau schließlich auch spenden kann.
- Wenn Ihnen Ihr Sohn sehr weich und sensibel vorkommt – kämpfen Sie nicht dagegen an. Lassen Sie ihn an den Herausforderungen wachsen, die er sich sucht. Stärken Sie ihn durch Ihre Anerkennung und vertrauen Sie darauf, dass er seinen Weg im Leben finden wird.
- Äußern Sie Ihr Missfallen nicht zu deutlich, wenn Ihr Sohn sich in der Pubertät ausprobiert. Lange Haare, verrückte Klamotten und jede Menge Schmuck gehören heute zum In-Sein. Zwar braucht ein Sohn in dieser Phase mehr die Anerkennung der Mutter als gegengeschlechtlichem Elternteil, aber deshalb ist es Ihrem Sohn nicht egal, was Sie über ihn denken.
- Wenn Sie Ihrem Sohn Unrecht getan haben, entschuldigen Sie sich bei ihm. Zeigen Sie ihm auch durch Zärtlichkeiten, wie Leid Ihnen die Sache tut. Haben Sie keine Bange vor Zärtlichkeiten. Männer haben viel zu viel Sorge, ihre Söhne zu verzärteln oder gar schwule Neigungen zu begünstigen, wenn sie ihren Sohn streicheln, küssen und mit ihm schmusen. Zärt-

lichkeiten sind Balsam für jede Kinderseele und begünstigen niemals eine ungünstige Entwicklung (wozu Homosexualität sowieso nicht zu rechnen ist).
- Söhne (dasselbe gilt auch für Töchter, aber nicht in diesem Maß) sollten so oft es irgend geht, den Arbeitsplatz des Vaters erleben. In vielen Firmen ist es zum Beispiel während der Haupturlaubszeit möglich, dass Kinder mal einen Tag mit ihrem Vater mitkommen. Söhne sollen von der Männerwelt – nein, von der Vaterwelt – sehen: Hier also verbringt ihre Identifikationsfigur die Zeit, die sie nicht für die Familie da sein kann. Wenn Besuche am Arbeitsplatz nur selten organisierbar sind, sollte der Vater so viel wie möglich aus seiner Arbeitswelt erzählen. Hat er Pläne gezeichnet? LKW gefahren? Seminare abgehalten? Was hat er in der Kantine gegessen? Mit welchen Kollegen war er dort?
- Lassen Sie nicht zu, dass das Familienmanagement allein in der Hand Ihrer Frau liegt. Informieren Sie sich über alles, was ansteht: Arzttermine, Elternabende, Lehrersprechstunden. Lassen Sie sich die großen und kleinen Anliegen Ihrer Kinder von denen selbst erzählen und lassen Sie sich nicht von der „Familiensekretärin" auf dem Laufenden halten. Sprechen Sie mit Ihrer Partnerin auch immer wieder mal darüber, wie es der Familie insgesamt geht und was eventuell verändert werden sollte.
- Wenn Sie Sorgen haben, lassen Sie Ihren Sohn in kindgerechter Form teilhaben. Zeigen Sie ihm, dass auch ein starker Mann traurig sein kann, ohne etwas von seiner Stärke einzubüßen!
- Sorgen Sie dafür, dass Ihr Sohn viele Naturerfahrungen machen kann oder sich wenigstens häufig auf Abenteuerspielplätzen austoben kann. Jungen wollen in

der Regel mehr Grenzerfahrungen machen als Mädchen, und Väter sind besser als Mütter dazu geeignet, die Söhne dabei zu begleiten. Ein Stück weit kann man damit vorbeugen, dass Jungen ihre Grenzerfahrungen später mit dem Auto machen ...
- Erzählen Sie Ihrem Sohn, was Sie als Junge so alles durchstehen mussten. Vielleicht mussten Sie Mutproben ableisten, um in eine Clique aufgenommen zu werden? Vielleicht hatten Sie unter einem besonders strengen Lehrer zu leiden? Oder haben Sie den Sportunterricht gehasst? Wie waren Ihre Chancen bei der Damenwelt, als Ihre Pubertät begann? Waren Sie vielleicht zu schüchtern, zu linkisch, zu brav, zu zurückhaltend? Und waren dann auch plötzlich die Noten im Keller? Es gibt sicher etwas, was Ihrem Sohn zeigt: Du musst nicht in allen Bereichen „simply the best" sein ...
- Lernen Sie etwas über Körpersprache! Dadurch erlangen Sie ein besseres Körperbewusstsein, was Sie auch im beruflichen Bereich einsetzen können. Beispiele: Wie sitze ich, wenn ich mich bedroht fühle, aber Widerpart leisten möchte? Was macht meine Körperhaltung mit meinen Gefühlen? Kann ich mich selbstsicherer fühlen, wenn ich mich in meinem Stuhl aufrichte? Vermitteln Sie etwas vom Erlernten Ihrem Sohn, damit auch er Körperbewusstsein erlangt und spürt, was in ihm vorgeht. Dann muss er nicht gleich frech werden oder losschlagen, wenn er in eine prekäre Lage gerät.
- Raufen und Ringen Sie öfter mal mit Ihrem Sohn! Das hilft ihm, seine Grenzen zu erkennen und ein Gefühl dafür zu entwickeln, wann es reicht. Jeder Junge wird ausprobieren wollen, ob er den Papa nicht besiegen kann – eventuell durch Tritte oder Schläge in „Verbotszonen". Dann ist es die Aufgabe des Vaters, Ein-

halt zu gebieten, ohne gleich zu schimpfen oder gar zurückzutreten („damit du mal siehst, wie weh das tut!"). Der Vater muss an die vereinbarten Regeln erinnern und seinem Sohn später eine neue Chance geben. Schließlich möchte der beweisen, dass er sich an die Regeln halten kann.

- Schicken Sie Ihren Sohn nicht weg, wenn er bei Reparaturen oder handwerklichen Arbeiten helfen möchte! Das kostet Nerven, gar keine Frage, aber die Lernbereitschaft ist nie mehr so groß wie in der Kindheit. Und Sie wollen doch etwas von Ihren Fähigkeiten weitergeben?

Vorschläge für Mütter:
- Der Geschlechterkrieg hat im Kinderzimmer oder am Familientisch nichts zu suchen. Die Enttäuschungen, die Frauen mit Männern erlebt haben, sind einzig und allein Sache der Erwachsenen. Selbst der „Typisch-Mann!"-Seufzer sollte so sparsam wie möglich dosiert sein. Söhne sind nicht schuld am Beziehungsdilemma zwischen Männern und Frauen; sie wollen ungehindert zu (in jeder Hinsicht neuen) Männern heranwachsen können.
- Wenn Sie sich einsam fühlen, suchen Sie niemals Trost bei Ihrem Sohn! Suchen sie Kontakt zu Selbsthilfegruppen Alleinerziehender, unternehmen Sie etwas mit FreundInnen, besuchen Sie Vorträge, Kurse und Ausstellungen, surfen Sie im Internet oder lernen Sie übers Internet Leute kennen.
- Wenn Sie über die Zukunft Ihres Sohnes besorgt sind, weil er sich „die Butter vom Brot nehmen lässt", versuchen Sie, diese Besorgnis nicht auf Ihren Sohn zu übertragen! Öffnen Sie sich den vielen verschiedenen Männerbildern, die es heute gibt!

- Lassen Sie in der Pubertät viel Ausprobieren zu! Zeigen Sie Interesse, sagen Sie auch, was Ihnen nicht gefällt, aber fügen Sie hinzu, dass dies ja nun seine Sache wird. Zeigen Sie Ihren Stolz – das ist Honig für seine unsichere Seele! Wenn Sie ein Outfit oder eine Frisur ganz furchtbar finden, sagen Sie sich, dass auch das vorbei geht ... Als mein Ältester zwölf Jahre alt war, kam er zum ersten Mal mit dem Ansinnen, sich die Haare färben zu wollen. Ich erstarrte innerlich und atmete dankbar auf, als er die Farbe seiner Wahl nannte: blond. Ich hatte nämlich – weil damals viele Kids so rumliefen – mit blau oder grün gerechnet. Heute sage ich zu seinen Modevorhaben nur noch: „Probier es aus, ob es zu dir passt!" Natürlich gab es auch Dinge, gegen die ich mich heftig gesträubt habe, z. B. den Knopf im Nasenflügel. Wir haben vereinbart: Er lässt sich erst gegen Hepatitis B impfen. Wenn der Impfschutz steht, darf er sich an der Nase piercen lassen. Inzwischen sind zwei Jahre vergangen, und er ist geimpft. Gepierct ist er nicht und hat im Moment auch kein Interesse mehr daran.
- Natürlich muss eine Mutter – vor allem, wenn der Vater fehlt – ihrem Sohn beibringen, wie er seinen Penis pflegen soll. Doch sie sollte, so bald es das Alter des Kindes erlaubt, ihm nur noch Anleitung zur Selbsthilfe geben. So früh es geht, sollte der Sohn (die Tochter auch!) seinen Genitalbereich allein waschen (Ermahnungen der Mutter sind natürlich in Ordnung – und meiner Erfahrung nach auch jahrelang vonnöten).
- Trauen und muten Sie Ihrem Sohn etwas zu! Wenn er es nicht ohnehin durch Ihre Berufstätigkeit gewohnt ist, allein zu Hause zu sein, dann lassen Sie ihn immer mal einen Nachmittag allein. Das kann man steigern

zu einem ganzen Tag, später zu mehreren Tagen. Wir haben unseren Ältesten das erste Mal ein paar Tage allein zu Hause gelassen, als er 15 Jahre alt war. Es klappte gut. Er hatte ein großes Haus, Garten (inklusive einem Dutzend Kübelpflanzen – und das bei größter Sommerhitze) und sieben Haustiere zu versorgen. Er hat alles ordentlich gemacht (nebenbei bemerkt: Kaum waren wir wieder zu Hause, verließ ihn das Verantwortungsgefühl für all diese Dinge). Einsam war er auch nicht, denn es war ständig ein Schwarm Freunde um ihn herum. Offenbar hat er aber auch sie dazu angehalten, in der Küche kein Chaos zu hinterlassen. Sein bester Freund hat ihn sehr beneidet und auch geäußert, wie gekränkt er wäre, dass seine Eltern ihn noch nicht einmal einen Tag allein lassen würden.

- Reden Sie nicht zu oft über Ihre Ängste. Ängste sind primär das Problem der Eltern und sollten es auch bleiben. Ständiges Reden über Angst vor Klettereien, Schlägereien, Fahrrad-Unfällen, Skateboard- oder Inliner-Stürzen und vor Sekten und Drogen können Jungen für gefährliche Situationen blind machen. Die Mutter sorgt sich ja ausreichend, da braucht sich der Sohn keine Gedanken zu machen. Womöglich sucht der Sohn dann sogar nach Situationen, die riskant und bedrohlich sind, um damit sich und der Mutter zu beweisen, dass diese Dauer-Warnungen lachhaft sind. Man hat immer wieder beobachtet, dass Söhne besonders ängstlicher Mütter überdurchschnittlich viele Unfälle bauen.

- Vergeben Sie Hausarbeiten an die Söhne! Die Eigenverantwortung muss bei ihnen ebenso gefördert werden wie bei Mädchen. Auch in diesem Bereich muss man sie mal etwas ausprobieren lassen. Mein Ältester hat sich darum beworben, einmal die Woche das Haus zu putzen. Nicht etwa aus Reinlichkeitswahn oder um sich lieb Kind zu machen. Er wollte das Geld einstreichen, das sonst die Putzfrau bekommen hätte. Die ersten Male war ich mit seinem Wirken nicht so ganz zufrieden – die Böden klatschnass, die Fenster verschmiert, usw. Doch ich habe ihm immer wieder klar gesagt, was mir nicht gefällt, und es ist von Mal zu Mal besser geworden. Als ich das einer befreundeten Mutter erzählte, war sie fassungslos. „Da musst Du ja alles nochmal putzen", sagte sie entsetzt. Nein, das muss ich nicht! Ich kann mit dem leben, was mein Sohn geleistet hat. Später beklagen sich Mütter wie diese womöglich, dass ihre Jungen sich rund um die Uhr bedienen lassen. Dann sind den jungen Herren Hilfsbereitschaft und Lerneifer vergangen, und sie glauben, dass Männer grundsätzlich keine Hausarbeit machen …

- Sorgen Sie dafür, dass Ihr Sohn die ganze Bandbreite an Lebensfertigkeiten kennen lernen kann. Manchmal fürchtet man sich richtig davor, was geschieht, wenn Kinder kochen, backen, Wäsche färben, Hosen ändern, Salzteig formen oder Wände streichen. Es kann Pannen geben, mit denen man Stunden zu tun hat – gar keine Frage. Ein Beispiel: Einer meiner Söhne wollte seinem Vater zum Geburtstag einen Kuchen backen. Er dachte, unter Stärke verstehe man Backpulver, und so gab er 125 Gramm Backpulver bzw. den Inhalt aller im Haushalt vorrätigen Backpulvertütchen in den Teig. Bei uns wurde das Märchen vom süßen Brei wahr! Muss ich schildern, wie lange wir gebraucht haben, die verkohlten Kuchenreste aus dem Herd zu bekommen? Der nächste Kuchen für eine Freundin klappte dann ganz prima.

- Hindern Sie Ihren Sohn nicht daran, auch mal Waghalsigeres auszuprobieren! (In der Regel sind Sie sowieso nicht dabei, wenn er so etwas tut!) Wenn man aus Angst, der Sohn könnte sich verletzen, zu viel verbietet, schlägt er womöglich über die Stränge oder wird zu einem ängstlichen Stubenhocker. Zu einem Menschen, der sich die Welt am liebsten im Fernsehen ansieht, weil ja im wirklichen Leben nur Gefahren lauern. (Achten Sie mal drauf, welche Pseudonyme sich manche Männer beim Internet-Chatten geben: Bertilein, Teufelchen, Schlingel, Schnullerbäckchen usw. Da ist jemand nicht erwachsen geworden!).
- Lassen Sie sich auch in Pubertätsdiskussionen nicht zu männerfeindlichen Äußerungen hinreißen! Ich kann aus eigener Erfahrung sagen, wie weh ein pubertierender Sohn seiner Mutter tun kann. Und ich hatte manches Mal nicht übel Lust, eine männerfeindliche Bemerkung loszulassen, um ihn in die Schranken zu weisen. Meistens konnte ich mich beherrschen und ihm selbstbewusst die Stirn bieten.
- Viele Mütter klagen über die Vergesslichkeit und Trägheit ihrer Söhne und fallen aus allen Wolken, wenn ihnen vorgeschlagen wird, dem Jungen nichts mehr abzunehmen, sondern ihn mal machen zu lassen. Noch mehr Freiheit? Dann vergammelt er völlig! Je mehr die Mütter für ihre Kids tun, desto abhängiger und „fauler" werden diese. Wenn Söhne ihre Versäumnisse nicht selbst ausbaden müssen, dürfen sich Mütter nicht wundern, dass Söhne ein so schlechtes Gedächtnis haben. Söhne, die es gewohnt sind, ihre Verantwortung an die Mütter – und später die Frau!!! – zu delegieren (die dann auch noch als wandelnde/r Terminkalender, Zeitansage, Telefonauskunft, Wettervorhersage und Info-

stelle für Ladenschlusszeiten herhalten muss), können keine selbstständigen Erwachsenen werden.
- Wird die unterwürfige Rolle der Frau weiter gefestigt, wie das Eva Zeltner skizziert, wenn man den Vater mit den Söhnen losziehen lässt, zum Zelten, zur Radtour o. ä.? Verstärkt man dadurch „das Bild der aufs Heim fixierten, schonungsbedürftigen Mutter"? Davor habe ich gar keine Angst! Ich denke, dass es wichtig ist, Väter mit ihren Söhnen losziehen und in ihrer Männerwirtschaft hausen zu lassen. Und ich finde, es ist der Himmel auf Erden allein zu Hause zu sein. Tun und lassen zu können, was mir gefällt und auf niemanden Rücksicht nehmen zu müssen!

Vorschläge für beide Eltern:
- Achten Sie darauf, wie Sie miteinander umgehen. Sind die Gespräche konstruktiv, und finden Sie im Allgemeinen einen Kompromiss? Oder hat immer einer das Sagen, und der andere richtet sich danach? Wenn Sie es nicht sowieso schon tun – fangen Sie jetzt mit konstruktivem Streiten an. Es gibt jede Menge Ratgeber auf dem Buchmarkt, und wenn eine Partnerschaft noch gesunde Wurzeln hat, ist es nicht schwierig, sich eine neue Streitkultur anzueignen. Ansonsten bieten auch Wochenend-Seminare für Paare Gelegenheit, sich in Streit-Strategien zu üben. Natürlich tut das jeder Partnerschaft gut, aber auch Söhnen und Töchtern.
- Von Jungen bis etwa zum achten Lebensjahr kann man kaum erwarten, dass sie ihre Konflikte verbal lösen. Da kommt es hin und wieder zu Raufereien, die normalerweise glimpflich ausgehen. Hat ein Junge einem anderen Kind oder einem Geschwister wirklich weh getan, muss das besprochen werden. Jungs müssen

erst lernen, wie man seine Wut so beherrscht, dass es nicht gefährlich wird. Vertrauen Sie darauf, dass Ihr Sohn mit den Jahren immer besser damit zurechtkommen wird. Selbst ein verschrieener Sandkastenraudi wie es mein ältester Sohn war, ist heute ein sensibler, konfliktfähiger Junge, der jeder Gewalt aus dem Weg geht. Wichtig ist, dass man dem Sohn nicht das Gefühl gibt, er dürfe nicht raufen. Raufen macht nämlich oft einfach nur Spaß und ist nicht so ernst gemeint wie das manchmal von außen aussieht.

- Versuchen Sie weiche Seiten Ihres Sohnes nicht wegzutrösten! Sein Weinen über die tote Katze am Straßenrand oder die Trauer über den Wegzug des Freundes – all das muss gelebt werden dürfen. Zwar haben heute immer weniger Mütter den Satz vom Indianer, der keinen Schmerz kennt, auf den Lippen. Aber es gibt doch noch viele, die ihren Kindern Schmerz und Trauer in bester – nämlich tröstender – Absicht ausreden wollen: „So schlimm war das gar nicht!" hört man sie sagen. Oder: „Da musst du jetzt nicht weinen!"

- Jede Art von Gewalt sollte man unmissverständlich ablehnen. Eine banale Weisheit? Vielleicht. Aber heute wird Gewalt häufig übersehen. Selbst in den harmlos anmutenden Zeichentrickfilmen geht es oft unglaublich gewalttätig zu. Es soll zum Lachen sein, wenn jemand völlig zersaust und rußgeschwärzt aus einer Explosion hervorgeht. Dabei macht man den Kindern weis, dass auch schlimmste Verletzungen in null Komma nichts heilbar wären.

- Lassen Sie sich nicht erweichen und erpressen durch lautes Geschrei und Wutausbrüche. Wenn Sie Regeln durchsetzen wollen, müssen Sie mitunter mit solchen Reaktionen rechnen. Konsequenz zu zeigen heißt

auch, zu sich selbst zu stehen und die Erziehung ernst zu nehmen. Und das wiederum ist ein Zeichen von Elternliebe.
- Wenn Sie sich nicht alles leisten können, was man heute so hat – erkennen Sie darin eine Lernchance für Ihren Sohn! Vielleicht versteht er jetzt schon, dass man sich nicht mit Besitz und Statussymbolen ausstaffieren muss, um glücklich zu sein. Es gibt genügend erwachsene Männer, die sich für solche Statussymbole übernehmen, sich von ihnen regelrecht beherrschen lassen.
- Hören Sie genau hin, wenn Ihr Sohn traurig ist. Versuchen Sie nicht, gleich mit Ratschlägen aufzuwarten, sondern zeigen Sie Verständnis für seine Traurigkeit und seine Not. Überlegen Sie dann mit ihm gemeinsam, was er tun könnte, um über eine erlittene Kränkung oder Verletzung hinwegzukommen.
- Lassen Sie Ihren kleinen Sohn von einer Tagesmutter betreuen, die er gut kennt. Verzichten Sie nach Möglichkeit darauf, ihn in einer Kinderkrippe unterzubringen. Jungen haben oft mehr unter Trennungsschmerzen zu leiden und kapseln sich womöglich infolge ihrer Verlassenheitsgefühle emotional ab. Verlassenheitsgefühle können sich aber auch durch Unruhe und Aggressivität äußern – Verhaltensmuster, die manchmal jahrelang erhalten bleiben.
- Führen Sie ein offenes Haus! Heißen Sie Freunde Ihrer Kinder willkommen – auch wenn diese Ihnen manchmal nicht supersympathisch sind. Sie müssen ja nicht mit ihnen spielen. Haben Sie den Eindruck, dass mit schlechten Einflüssen zu rechnen ist, befragen Sie Ihr Kind sachlich und ruhig über das betreffende Kind und dessen Familie. Häufig sind solche Freundschaften nur

von kurzer Dauer, dann verliert sich das gegenseitige Interesse.

Und vergessen Sie bei all Ihrem Bemühen nie: Mehr als wir ahnen, sehnen sich auch halbstarke Haudegen danach, von Mutter und Vater geliebt zu werden. Und das sogar dann, wenn sie das liebevolle Bemühen massiv zurückweisen.

8 ■ „Jungen brauchen Väter"

Interview mit Markus Kristen, Sexualpädagoge und Experte für Jungen-Sozialisation bei Pro Familia Hamburg

Nach Beobachtungen von Experten bekommen Jungen schon im Babyalter weniger Zärtlichkeiten als Mädchen. Können Sie das nachvollziehen?

Ich kenne solche Studien, aber habe selbst wenig Möglichkeiten, die Betreuung von kleinen Babys zu beobachten. Erst ab Krabbelalter scheint es mir aber doch so zu sein, dass Jungen ein Verhalten antrainiert wird, das darauf hinausläuft, dass sie sich weniger Zärtlichkeiten abholen oder bekommen. Wenn kleine Kinder beispielsweise in Streit geraten, dann kann man beobachten, dass Jungen oftmals schon weniger getröstet werden als Mädchen, dass nicht so viel gepustet wird ... Wenn es um Spielzeugstreitereien geht, wird nach meiner Beobachtung von Jungen weniger Zurückhaltung und Verhandlungsbereitschaft, sondern eher Durchsetzungsvermögen verlangt.

Sind es mehr die Mütter oder mehr die Väter, die solches verlangen und die sich beim Trösten nicht sonderlich verausgaben? Steckt die Sorge dahinter, man könnte den Sohn verweichlichen?

Ich glaube nicht, dass es da Unterschiede zwischen Müttern und Vätern gibt. Mütter sind einfach in den meisten Fällen sehr viel mehr mit den Kindern zusammen. Wenn Väter in dieser Hinsicht prägend sind, dann genügt allerdings auch ihre kurze Anwesenheit zu Hause, um Entsprechendes bei den Söhnen zu erreichen.

Soll man Eltern raten, ihre Kinder möglichst geschlechtsneutral zu erziehen – oder ist das eine Illusion?

Ich würde schon dazu raten, die Erziehung möglichst bewusst zu handhaben, d. h. ja auch, dass man sich alter Muster, die man selbst aus dem Elternhaus noch kennt, bewusst ist und sie kritisch sieht. Bei Müttern und Vätern laufen natürlich ganz unterschiedliche Prozesse ab, aufgrund derer sie zu dem einen oder anderen Erziehungsstil neigen. Vieles bleibt auf der unbewussten Ebene, und so kommt es, dass auch emanzipierte, ja sogar feministisch orientierte Frauen ihren Sohn zu einem kleinen Prinzen erheben. Da wird dann oft das aggressive Verhalten unterbunden, aber der Junge findet einen Weg, wie er die Mutter um den Finger wickeln kann. Vielleicht hat er erfahren, dass er mit einem bestimmten Augenaufschlag bei seiner Mutter ans Ziel kommt. Und später wundert sich dann diese engagierte Mutter, dass auch ihr Sohn Machoallüren hat.

Welche Probleme sehen Sie in den Familien, in denen der Sohn von der Mutter als „der bessere Mann" angesehen wird, weil sie sich durch ihren eigenen Mann ziemlich frustriert fühlt?

In der therapeutischen Arbeit mit Frauen spüre ich oft, dass sie viel Frustrationen mit dem eigenen Partner gehabt haben. Ich habe beobachtet, dass sich das zum Beispiel bei Lehrerinnen oft so äußert, dass sie sofort „anspringen", wenn ein Junge sich in einer Weise verhält, die sie kennen und mit der sie negative Erfahrungen gemacht haben. Da wird manches schon als Aggressionen, Gewalt und Grenzüberschreitung empfunden, was eigentlich noch ganz harmlose Rangeleien sind. Solche Frauen können die Lebenswelt der Jungen nicht mehr wertfrei sehen und übertragen zu schnell die eigenen Frustrationen auf Jungen.

Was halten Sie denn von der Theorie, dass Testosteron das raumgreifende und aggressive Verhalten von Jungen ein Stück weit bestimmt?

Das ist eine ganz schwierige Diskussion, ob das nun ein angeborenes oder ein antrainiertes Verhalten ist, oder ein durch Testosteron bestimmtes. Ich denke schon, dass es biologische Unterschiede gibt, die aber meines Erachtens größtenteils im Erziehungsprozess überprägt sind. Es sind wohl ganz filigrane Prozesse, die Jungen beispielsweise dazu bringen, sich für Autos oder Waffen zu interessieren und Mädchen eben für Puppen oder Schmuck. Kinder „wissen" ja bereits im Alter von zwei Jahren, ob sie Jungen oder Mädchen sind und können sich demnach auch von ihrer Identifikationsfigur schon einiges abschauen.

Frauen spielen in einem Jungenleben fast zehn Jahre die Hauptrolle – erst die Mutter, dann Erzieherinnen im Kindergarten, dann die Grundschullehrerinnen. Gibt es denn gar keine Gruppen oder Organisationen, wo die Jungen mehr Kontakt zu männlichen Bezugspersonen haben können?

Dazu möchte ich erst noch etwas vorausschicken: Es kann nicht darum gehen, dass man den Müttern bzw. Frauen in der Jungenerziehung die Kompetenz abspricht.

Wenn es heißt „Die Väter fehlen", dann wird rasch der Eindruck erweckt, dass Frauen das nicht allein schaffen. Männer bzw. Väter sind vor allem für die Vorbildfunktion, wie Männlichkeit gefüllt werden kann, wichtig. Aber auch das Frauenbild für die Jungen zu prägen ist ja eine wichtige Aufgabe, und dieser sollten sich Frauen auch sehr bewusst sein. Und da kommen wir wieder dahin, was ich vorhin sagte: Dieses Frauenbild entwickelt sich ja überwiegend in der Kommunikation mit den Jungen. Da erleben Jungen eben auch, dass manche Frauen sehr empfindlich sind, wenn es um harmlose Jungen-Rangeleien geht. Außerdem beobachten die Jungen natürlich sehr genau, wie die Frau mit ihrem Partner umgeht, und da vollzieht sich komplexes Rollenlernen. Es prägen nun mal ganz viele Frauen auch die Männerrolle ihrer Jungen. Jungen holen sich also auch viel von der Mutter, müssen ihr Männerbild nicht allein über die Medien definieren. Auf die Frage, wo Jungen mehr Kontakt zu männlichen Bezugspersonen bekommen können, möchte ich antworten: Haben Sie mehr Vertrauen zu den wenigen männlichen Erziehern oder Aupairs. Leider ist das Image dieser Männer durch die Missbrauchsdebatte etwas angeschlagen. Das ist nicht nur schade, das ist auch gefährlich. Ich habe öfter solche Männer in meiner Beratung gehabt, die sich kaum noch etwas an Körperkontakt getraut haben und vollkommen verunsichert und dem potenziellen Missbrauchsvorwurf ausgeliefert sind. Das ist zum Schaden aller Jungen, die gern mal mit einem Mann kuscheln. Wir hatten ja teilweise amerikanische Verhältnisse, so nach dem Motto „Jeder Körperkontakt kann ein Übergriff sein".

Über die erwähnten Erzieher und Aupairs hinaus gibt es leider relativ wenige derartige Angebote. Daran wird zu wenig gedacht. In Vereinen gibt es viele Jugendgruppenleiter oder Trainer. Legt man (frau) Wert auf eine geschlechtsbewusste Erziehung, sollten sie das Angebot unter die Lupe nehmen.

Würden Sie Vätern auch zu mehr Körperkontakt raten – also sowohl zum Kuschelkontakt als auch zu diesem spielerischen Raufkontakt?

Auf jeden Fall! Wobei der Raufkontakt den Vätern meist leichter fällt als der zärtliche Kontakt, wo sich der Sohn ausruhen kann, wo er den Vater weich erlebt. Um Zärtlichkeiten entstehen zu lassen, brauchen viele Jungen und ihre Väter erst eine Art Legitimation. Ich empfehle da zum Beispiel die „Pizzamassage": Vater oder Sohn liegt auf dem Bauch, und der Aktive beginnt nun, auf dem Rücken den Teig zu kneten, auszurollen, die Pizza zu belegen und später aufzuschneiden. Das sind ganz verschiedene Berührungen. Und es wäre ein schönes abendliches Ritual mit dem Vater.

Meine Söhne haben einmal zu mir gesagt: „Es macht gar nichts, dass der Papa den ganzen Tag weg ist – du bist ja da!" Machen sich diese Kinder nicht etwas vor, vermissen sie ihren Vater nicht im Grunde? Oder verdrängen sie das Gefühl, weil sie es nicht anders kennen?

Ich vermute, dass hier die gesellschaftliche Norm eine große Rolle spielt. Die Kinder sehen es ja auch in anderen Familien nicht anders. Viele Jungen wissen aber nicht mal so richtig, was der Vater überhaupt den ganzen Tag macht. Sie wissen, dass er weg ist, um Geld zu verdienen. Vielleicht hören sie auch mal von beruflichen Erfolgen.

Dass aber das Arbeitsleben auch eine Landschaft von Enttäuschungen, Freude, Wut und Verzweiflung sein kann, davon ahnen die meisten Jungen ja gar nichts. Das zeigen auch die wenigsten Väter; sie gehen morgens weg, kommen abends wieder und haben irgendetwas geschafft, fertig. Ich erlebe es in meinen Männergruppen, dass sich erst die erwachsenen Männer bewusst werden können, welchen Schmerz es bedeutet, dass sie vom Vater so wenig gehabt haben. Jungen haben eine ganz große Sehnsucht, von erwachsenen Männern Erkenntnisse über die Welt und das Leben zu bekommen. Gerade was die Aufnahme in die Erwachsenenwelt angeht, könnten Väter viel anbieten, zumal wir keine Übergangsrituale haben und die letzten dieser Art wie die Konfirmation zum Beispiel auch mehr und mehr verschwinden. Viele Väter versäumen es ganz einfach, ihren Söhnen zu vermitteln, was Männlichkeit ausmacht.

Was halten Sie von den Angeboten hierzulande an Initiationsritualen, in denen Jungen im Alter zwischen zwölf und 14 Jahren ziemlich harte Prüfungen bestehen müssen? Ist das nicht – angesichts unserer technisierten Welt – ein ziemlich aufgesetztes Ding?

Da bin ich Ihrer Meinung. Ich halte nicht viel davon. Dieser Boom, sich Rituale aus anderen Kulturen zu suchen, macht für mich eher so deutlich, dass in unseren Kreisen zu wenig Phantasie da ist, selbst Rituale zu erdenken. Die Sehnsucht nach solchen Ritualen ist natürlich da, aber von solchen Härteproben zur Aufnahme in die Männergesellschaft halte ich wenig. Ich finde, es muss eher darum gehen, als Männer für die Jungen präsent zu sein. In unseren Jungencamps machen wir ab und zu Runden, in denen Fragen besprochen werden wie „Was finde ich an mir als Junge gut? Was finde ich weniger gut?" Und in solchen Runden darf auch alles gefragt werden – nach dem Motto „Was ich immer schon mal von Männern wissen wollte". Die Jungen fragen immer sehr viel, sind ausgesprochen wissbegierig. Die sind richtig aufgeblüht und brauchten keine Härteproben.

Bringt nicht jede Erziehung, die übermäßige Disziplin und Härte zum Ziel hat, einen Menschen dazu, dass er den Kontakt zu seinen eigenen Bedürfnissen und Gefühlen verliert?

Davon muss man leider ausgehen. Rationalität, Härte gegen sich selbst und Körperferne sind leider aber immer noch so identitätsstiftend für Männlichkeit. Und darauf springen Jugendliche in der Pubertät unheimlich an. Da ist eine große Verunsicherung da, und es wird nach allem gegriffen, was möglichst „männlich" ist. Da legen Jungen dann auch schon mal völlig überzeichnete Männlichkeitsentwürfe an den Tag, um sich selbst ihrer Männlichkeit zu vergewissern. Wenn sie ein reichhaltigeres Angebot von Männlichkeitsrollen erlebten, könnten sie diese Stange, an die sie sich klammern, allmählich loslassen.

Was kann man den Vätern von Söhnen auf den Weg geben?

Häufig ist es ja so, dass Väter nur das Spaßprogramm übernehmen. Es wäre besser, wenn ein Sohn seinen Vater auch bei der Haus- oder Gartenarbeit erleben würde. Also bei der ganz normalen Alltagsbewältigung. Dazu ist es natürlich erforderlich, dass sie das selbst für sich entdecken können.

Sollten Väter nicht auch etwas gegen das bei Männern leider so weit verbreitete Verdrängen von Problemen unternehmen, wenn sie das bei sich feststellen?

Männer haben häufig zu wenig Verarbeitungskompetenz für emotionale Probleme oder Beziehungskonflikte. Wenn sie eine Hilflosigkeit spüren, mit einem Problem umzugehen, dann versuchen sie erst gar nicht, es anzugehen. Ich weiß oft nicht, ob den Männern diese Probleme überhaupt nicht präsent sind oder ob sie sie sehr wohl erahnen, davor aber fliehen. Natürlich sollten Väter etwas gegen dieses Defizit unternehmen, leider tun es nur wenige.

Können Mütter denn Verarbeitungskompetenzen weitergeben, auch wenn sie nicht die Identifikationsfiguren der Jungen sind?

Das Problem liegt ja darin, dass allgemein mit den Söhnen zu wenig in der Beziehungssprache gesprochen wird. Mit Jungen wird rationaler gesprochen und auch über rationalere Themen. Es gibt Studien dazu, dass sich Mütter mit emotionalen Fragen und Konflikten viel weniger an Jungen wenden als an Mädchen. Gespräche über seelische und Beziehungs-Schwierigkeiten werden also mit Jungen nicht trainiert und können deswegen auch von einem Mann schlechter oder gar nicht weitergegeben werden. Es wird auch davon ausgegangen, dass emotionale Gespräche nicht zum Mann-Sein dazu gehören, also muss man die auch mit einem Sohn nicht führen.

Haben Sie Vorschläge zu einer familienfreundlichen Personalpolitik in den Betrieben?

Bei rechtlichen Grundlagen muss man meines Erachtens nicht mehr ansetzen, die sind ja gegeben. Es gibt den Erziehungsurlaub, der von Männern genommen werden kann, aber so gut wie gar nicht genommen wird. Nach einer neueren Untersuchung räumen zwei Drittel der Männer Beruf und Familie den gleichen Stellenwert ein und wollen auch gern einen Ausgleich haben. Es greifen verschiedene Mechanismen, weshalb Männer dann oben genannte Angebote so wenig in Anspruch nehmen. Ich denke, es sind psychologische Faktoren in den Betrieben selbst. Das Bild von „Mann und Arbeit" ist noch sehr zementiert, so dass männliche Identität viel auf Beruf und Erwerb fußt. Viele Männer fürchten so eine Art Entmännlichung, wenn sie sich im Betrieb familienfreundlicher zeigen. Es müsste also bei diesen psychologischen Faktoren angesetzt werden; die Betriebe müssten Unterstützung leisten und ein positives Leitbild für so einen Mann, der den Ausgleich schaffen will, entwickeln. Oft besteht ja bei den Arbeitgebern die Angst, dass bei Teilzeitkräften weniger Leistungsfähigkeit da ist. Dabei dürfte die Motivation und die – auch aus arbeitsmedizinischer Hinsicht – Leistungsfähigkeit größer sein, wenn jemand den gewünschten Ausgleich im Familienleben bekommt.

Welches Männerbild vermitteln die Medien?

Da ist der Mann immer noch fast immer der Macher und der Held. Es werden ab und zu mal alternative Lebensentwürfe vermittelt, aber das große Leitbild hat sich kaum verändert. So ein paar Accessoires gibt es, vor allem in den Werbespots, wo Muskel bepackte Männer ihre Kinder in den Armen halten oder ihnen ein Essen kochen. Allerdings wird Letzteres oft so hingestellt, als seien Männer nur zu einer „Fünf-Minuten-Terrine" zu gebrauchen. Also die Medien zeigen schon, dass ein Mann auch mal etwas für die Familie tun sollte, weil das sonst schlecht fürs Image ist. Aber am Männlichkeitskonzept hat das alles relativ wenig geändert. Durch dieses Überangebot an öffentlichen Bildern von Männlichkeit und das gleichzeitige Defizit von Männlichkeit im Privaten gewinnen eben diese Klischees aus den Medien für Jungen eine größere Bedeutung. Ich spüre immer wieder, dass Jungen eine unheimliche Sehnsucht nach realen und gelebten Bildern von Männlichkeit haben. Wenn diese aber fehlen, müssen sie zu besagten Medienbildern greifen.

Von einigen Männerforschern wird immer wieder gefordert, dass Mütter ihre Söhne beizeiten freigeben sollen, damit sie den Weg zum Vater finden. Was heißt „freigeben"?

Das Vertrauensverhältnis zu den Eltern ist der Hintergrund, vor dem ein Kind eine eigene Identität entwickelt. Von der Meinung, Mütter sollten sich zu einem bestimmten Zeitpunkt vom Sohn abwenden, damit er sich dem Vater zuwenden kann, halte ich gar nichts. Es bringt auch gar nichts, wenn die Mutter ihrem Sohn Freiraum gibt, weil der Sohn einen Vaterhunger hat, der Vater sich dem Sohn aber nicht zuwendet. Es ist also wichtig, einen Ausgleich zu schaffen zwischen den Polen „Halt-geben" und „Loslassen".

Welche Männervorbilder können Jungen bekommen, deren Mutter allein erziehend ist?

Viele allein erziehende Mütter fragen, wie sie denn den Vaterhunger ihrer Söhne stillen sollen. Ich denke, es ist wichtig, dass erwachsene männliche Bezugspersonen da sind, das kann ein Trainer, ein Musiklehrer, ein Verwandter sein. Die Sorge, dass da zwangsläufig ein Defizit entsteht, wenn der Vater nicht da ist, ist unbegründet.

Was für Männer kommen zu Ihnen in die Männergruppen?

Das ist unterschiedlich; manche wollen mehr über sich und ihre Männlichkeit erfahren, manche befinden sich in einer Krisensituation, manche wollen die Beziehung zum eigenen Vater besser verstehen, und manche wollen sich besser in ihre Söhne einfühlen können. Sie wollen herausfinden, was sie ihrem Sohn als Mann weitergeben möchten. Sie wollen ihre Männlichkeit hinterfragen, wollen verstehen, wie die entstanden ist, welche Vorbilder sie hatten und was für sie als Junge wichtig war.

Welche Themen sind in ihren Jungengruppen wichtig?

Es geht viel um Gefühle und wie man darüber sprechen kann. Immer wieder höre ich, dass Jungen es nicht wagen, einen festen Freund zu haben – aus Angst, sie könnten für schwul gehalten werden. Mädchen haben so etwas, wird da mitunter neidvoll festgestellt, aber Jungen dürfen nur im lockeren Cliquenverbund sein. Es gibt einen schönen Ausdruck von Erving Goffmann, der heißt „impression management". Den finde ich so treffend für Jungen, denn bei ihnen geht es eigentlich die ganze Zeit darum, ihre Fassade nach außen auch zu managen. Wie muss das Bild von Männlichkeit gemanagt werden, was muss man in welchen Situationen sagen, und wie zeigt man sich sexuell potent ... Dies immer alles im Griff zu haben, verschlingt unglaubliche Energien.

Literatur

Amendt, Gerhard: Vatersehnsucht. IGG, Universität Bremen, Institut für Geschlechter- und Generationenforschung.
Amendt, Gerhard: Wie Mütter ihre Söhne sehen. Fischer, 1994.
Bach, George R., Peter Wyden: Streiten verbindet. Fischer, 1995.
Benard, Cheryl, Edit Schlaffer: Einsame Cowboys. Kösel, 2000.
Benard, Cheryl, Edit Schlaffer: Mütter machen Männer. Heyne, 1998.
Biddulph, Steve: Jungen – wie sie glücklich heranwachsen. Beust, 2000.
Biddulph, Steve: Männer auf der Suche. Beust, 1998.
Böhnisch, Lothar, Reinhard Winter: Männliche Sozialisation. Juventa, 1994.
Caron, Anne F.: Wenn Söhne Männer werden. Kösel, 1996.
de Jong, Theresia Maria, Michaela Köster: Ist mein Kind denn zu verwöhnt? Trias, 2000.
Goffmann, Erving: Wir alle spielen Theater – Die Selbstdarstellung. Piper 1996.
Kammerer, Dorothea: Aggressionen und Gewalt bei Jungen. Mosaik, 1993.
Kast, Verena: Väter-Töchter, Mutter-Söhne. Kreuz, 1994.
Kreckel, Marga: Macht der Väter – Krankheit der Söhne. Fischer, 1997.
Mager, Karin: Faires Streiten, lebendige Partnerschaft. Gräfe und Unzer, 1996.
Olivier, Christiane: Die Söhne des Orest. dtv, 1997.
Raser, Jamie: Erziehung ist Beziehung. Beltz, 1999.
Rohrmann, Tim: Junge, Junge. Mann, o Mann. Die Entwicklung zur Männlichkeit. Rowohlt, 1994.
Schnack, Dieter, Rainer Neutzling: „Der Alte kann mich mal gern haben!" Rowohlt, 1997.
Zeltner, Eva: Mut zur Erziehung. dtv, 1997.
Zeltner, Eva: Weder Macho noch Muttersöhnchen. dtv 1999.